Malta

Hans E. Latzke

Inhalt

Das Beste zu Beginn

Malta selbst entdecken

Das ist ganz einfach! In jedem Ort gibt es einen Band Club oder eine Bar – ganz und gar nicht schick, vollgehängt mit Erinnerungsstücken und alten Bildern. Wenn man dort mal eine Stunde lang ein Ftira gegessen und eine Kinnie getrunken hat – dann hat man Malta entdeckt.

Die Festa

Die Malteser feiern gern und das oft – dafür gibt es die Kirchweihfeste, allein 36 im August. Das ist großartig! Nicht nur die Leckereien und das bombastische Feuerwerk, auch die Umzüge der Blaskapellen *(band marches)* und die große Prozession mit der Heiligenstatue im Konfettiregen. Unbedingt mal hingehen!

Baden als Himmelfahrt

Na ja … übertrieben. Aber es gibt einen fast geheimen Badeplatz an der Südküste, Ghar Lapsi: Höhle der Himmelfahrt. Ein toller Felspool, wohin es so gut wie keine Touristen verschlägt. Da bade ich auch gern – glasklares Wasser, sehr schön zum Schnorcheln überm Brassenschwarm.

Nachts in Valletta

Früher war Valletta abends mausetot. Das hat sich total verändert. Überall auf den Straßen stehen Restauranttische, die historischen Fassaden sind effektvoll illuminiert, hin und wieder gibt's sogar Livemusik. Das Menü-Angebot reicht von exklusiver Italo-Küche bis zum Tex-Mex-Burger, die Getränkeliste vom maltesischen Cisk-Bier bis zum 12 Jahre gereiften Scottish Malt.

Cisk-Bier

Maltas Hauptbrauerei, die Farsons Ltd, hat Ale (Alt), Pale Ale (Kölsch), Stout (Guiness) oder Shandy (Alster) im Angebot – das Flaggschiff ist aber das Cisk: Nicht zu herb, nicht zu süß und sehr süffig, als Lager (Export) oder Pils erhältlich. Ruhig mal reinschmecken! Der Name spricht sich übrigens Tschisk!

Busfahren

Nichts ist weit, außer man hat es eilig, sagt der Malteser. Leider falsch! Richtig wäre: außer man sitzt im maltesischen Bus. Das zieht sich! Man steht im Dauerstau oder schaukelt durch die Wohnviertel der Malteser. Aber trotzdem: Mit den Bussen kommen Sie auf Malta (fast) überall hin. Also am besten gleich am Airport eine 7-Tage-Karte für unbegrenzte Fahrten kaufen!

Malta skurril

Man muss nicht verrückt sein, um auf Malta zu leben, aber es hilft! Das hat mir mal ein Malteser als Tipp erzählt. Seltsame Dinge gibt es in der Tat viele: Traber-Sulkys beim Training auf der Schnellstraße. Oder abends fast nackte Männer beim Wasserballtraining. Mein Favorit: das Bocci-Spiel, das auf Malta mit viereckigen Kugeln gespielt wird.

Besuch beim Adel

Auch der Adel Maltas benötigt Einnahmen – und öffnet daher seine Pforten für zahlende Besucher. Großartige herrschaftliche Interieurs zeigen zum Beispiel die Casa Rocca Piccola in Valletta und der Palazzo Parisio in Naxxar. Dort findet man sich in einem gut versteckten Klein-Versailles wieder.

Mdina wirklich still

Ach ja, Mdina, the Silent City … Aber so wirklich still ist die stille Stadt tagsüber nicht. Eher ziemlich überlaufen! Das ändert sich erst abends. Dann werfen gelbe Lampen flackerndes Licht über die ehrwürdigen Fassaden, kaum ein Schritt ist zu hören, außer der eigene. Das ist tatsächlich romantisch.

Ich mag Malta wirklich, wahrscheinlich weil alles da so ›crazy‹ ist. Der Plan mit einem Haus dort hat aber nicht geklappt. Egal, so fliege ich eben rüber, wenn ich mal richtig Sonne brauche, richtige Hitze. Und nach zwei Stunden Linksverkehr fühle ich mich schon wie ein halber Malteser.

Fragen? Erfahrungen? Ideen?

Ich freue mich auf Post.

*Mein Postfach bei DuMont:
latzke@dumontreise.de*

5

Das ist Malta

Beim ersten Mal wundern sich alle: So habe ich mir das nicht vorgestellt! So außergewöhnlich, so anders. Denn Malta ist keine hübsche kleine Insel im Mittelmeer, auf der nie wirklich etwas passiert ist. Malta galt schon bei den alten Griechen als ›Nabel des Meeres‹, im 16./17. Jh. wurde es unter dem Ritterorden der Johanniter zur stärksten Festung Europas ausgebaut, bis 1979 war es das Headquarter der britischen Mittelmeerflotte, von dem aus drei große Kriege gesteuert wurden, und jetzt ist Malta ein eigener Staat in der EU. Und dieser Mini-Staat steht wirtschaftlich sogar enorm gut da, mit rasanten Wachstumsraten und der niedrigsten Jugendarbeitslosigkeit ganz Europas. All das hinterließ natürlich Spuren: von den Tempeln der Megalithkultur vor 5000 Jahren über Festungen allerorten bis hin zu den Schnellstraßen, Fabrikhallen und Hochhäusern von heute.

Busy bis ländlich

Das alles verteilt sich auf kleinster Fläche, denn alles in allem sind die beiden Hauptinseln Malta und das kleinere Gozo nur so groß wie Bremen. Glücklicherweise verteilt es sich nicht gleichmäßig. In der Region rund um Valletta mit seinen beiden riesigen Häfen, Harbour Region sagen die Malteser, konzentriert sich das meiste, inklusive der beiden großen Ferienorte Sliema und San Giljan (St. Julians). Danach wird es schnell ruhiger, schließlich sogar geradezu ländlich. An der Nordwestküste liegen auch die Ferienorte Bugibba und Qawra sowie Mellieha, den Südosten prägt Steilküste ohne jede Ansiedlung. In der Mitte thront Mdina, die mittelalterliche Hauptstadt – Silent City wird sie genannt, weil sich dort seit 250 Jahren so gut wie nichts verändert hat. Und Gozo lag sowieso immer im Abseits und konnte sich seinen ländlichen Charme bewahren. Mag aber sein, dass sich das bald ändern wird, denn die Insel soll jetzt durch einen Tunnel unter dem Meer mit der Hauptinsel verbunden werden. EU-Gelder machen auch das jetzt möglich, das Projekt ist aber noch in der Planungsphase.

Schmelztiegel der Völker

Ziemlich klar, dass die vielen Heere und Herren auch Menschen mitbrachten. Viele blieben, Kinder wurden gezeugt, denn die Malteserinnen sind durchaus … aber lassen wir das. Auf alle Fälle blieb von allen etwas da. Von den Megalithikern, den Puniern, den Römern, von den Arabern seit dem Jahr 870, von den Franzosen im 14. Jh., von den Spaniern seit dem 15. Jh., von den Griechen, die der Ritterorden im 16. Jh. mitbrachte, und auch von den Briten, die Malta seit dem 19. Jh. als Kolonie regierten. Sie alle verschmolzen zu einem Volk, geeint durch eine Religion und eine Sprache. Noch heute ist Malta das Land Europas, in dem die katholische Kirche den größten Einfluss hat … man sieht es an den riesigen Barockkirchen in jedem Dorf, erlebt es auf den grandiosen Heiligenfesten. Ebenso einzigartig und nicht minder grandios ist die Sprache: arabisch in der Struktur, geschrieben aber in lateinischen Buchstaben und gespickt mit Lehnwörtern aus dem Spanischen, Französischen und Englischen. Aber

Langsam gehen die Lichter an … im Schatten des Portomaso Tower macht sich San Giljan bereit für die Partynacht. Love fordert die Skulptur, auch sie auf dem Kopf stehend, wie alle hier ein bisschen upside down zu sein scheinen.

keine Sorge: alle Malteser sprechen auch fließend Englisch, was in den Sommerferien Tausende Sprachschüler aus ganz Europa dorthin zieht.

Für Badeferien zu schade

Nein … ich will nicht sagen, dass man auf Malta nicht baden kann oder nicht baden sollte. Es gibt schöne Sandstrände wie die Golden Bay oder die Ramla Bay auf Gozo. Es gibt noch mehr großartige Felsküste, wo man wunderbar schnorcheln kann. Von dem kleinen Comino mit seiner zauberhaften Blue Lagoon ganz zu schweigen. Aber … nur Baden, dazu ist Malta zu interessant. Selbst wer sich gar nicht für Barockkunst interessiert, sollte die St. John's Cathedral in Valletta nicht verpassen – die ist einfach unglaublich! Wer mit Archäologie nichts am Hut hat, braucht auch nicht alle Megalith-Tempel abzuklappern – auch wenn die weltweit einzigartig sind und Hagar Qim eine Art Stonehenge des Südens darstellt. Was man aber unbedingt erleben sollte, sind die Shows in historischen Kostümen wie die In-Guardia in Valletta aus der Ritterzeit oder die Kanonenschüsse auf der Saluting Battery mit Soldaten in viktorianischen Uniformen.

Und was noch? Kulturhauptstadt!

Aber natürlich: Valletta war 2018 Kulturhauptstadt Europas. Und hat es wirklich krachen lassen! Das City Gate und neue Parlament bilden jetzt ein großartiges Ensemble, die Festungsmauern, viele Paläste und Museen sind so schön wie nie zuvor. Doch auch seither darf man das Kulturangebot, vom Barock Festival im Januar bis zum Arts Festival im Juli, die Stadtfeste in Birgu oder Mdina und das Isle of MTV Festival für die Pop-Jugend nicht zu vergessen, als Spitzenklasse bezeichnen. *Malta at its best.*

Malta in Zahlen

2

Personen können in Malta auch heiraten, wenn sie schwul sind. Bei den Kindern endet die Toleranz jedoch: Abtreibungen sind grundsätzlich verboten.

8,1

Prozent betrug die Jugendarbeitslosenquote Maltas 2021. Das ist einer der besten europäischen Werte.

20

Euro kosten zwei Sonnenliegen mit Schirm an den guten Sandstränden Maltas als Höchstwert.

27

Kilometer misst die Insel Malta nur in der Länge, 15 Kilometer in der Breite; ihre Fläche von 246 km² entspricht gerade einmal der von Frankfurt/Main.

43,8

Grad Celsius ist der Temperaturrekord auf Malta, gemessen im August 1999. Der Jahrestiefstwert des nachts von 16,1 °C ist der wärmste Europas.

80

Kilometer pro Stunde beträgt die Höchstgeschwindigkeit auf Malta: Es gibt keine echte Autobahn.

150

PKW sind pro 100 Einwohner auf Malta zugelassen, inklusive der Mietwagen. Bezogen auf die Fläche ist das europäischer Spitzenwert.

94

Prozent der Malteser sind katholisch. Daneben gibt es eine kleine britisch-anglikanische Minderheit und etwa 18.000 Muslime, Tendenz deutlich steigend.

129

militärische Festungen und Wachttürme sind auf der Hauptinsel Malta dokumentiert. Damit gilt Malta als der am intensivsten befestigte Ort der Welt.

264
Jahre beherrschte der Ritterorden der Johanniter (später Malteser) die Inseln Malta und Gozo.

365
Kirchen und Kapellen soll es in Malta geben, das macht immerhin fast 1,2 pro Quadratkilometer – die höchste Kirchendichte der Welt.

5150
Einwohner hat Maltas Hauptstadt Valletta nur (2023) und ist damit die kleinste Europas.

535 000
Einwohner hat Malta – ein Wachstum von 20 % in den 5 Jahren vor 2023. Mit 1650 EW./km² hat der Inselstaat damit die neunthöchste Bevölkerungsdichte der Welt.

2 000 000
Urlaubsgäste verzeichnete Malta jedes Jahr, also etwas mehr als das Fünffache der eigenen Bevölkerung.

139
Kirchweihfeste werden pro Jahr in Malta veranstaltet, allein 36 im August.

So schmeckt Malta

Die Fusion-Küche mit Kombinationen von Elementen aus aller Welt – sie könnte auf Malta erfunden worden sein. Schon die traditionelle Küche mit dem Fenek stuffat (Schmorkaninchen) lässt europäische Einflüsse erkennen: das ist nur eine Variante des französischen Coq au vin. Heute sind Burger und auch asiatische Zubereitungen bei der Jugend beliebt. Und klar: Italien ist nah – Pizza und Pasta stehen überall auf der Karte und in hochpreisigen Restaurants speist man zumeist italienisch.

Auf Malta musste man immer davon leben, was Land und Meer gerade hergaben. Schnecken im Februar, Zugvögel im März/April, im Sommer kam der Thunfisch, im Frühherbst die Lampuki-Schwärme. Im Herbst jagte man Kaninchen, im Winter gab es nur noch den getrockneten Käse der Ziegen, die einzigen Nutztiere auf den Inseln. Oft fühlt man sich an Gerichte aus Italien, Griechenland oder Frankreich erinnert. Aus Spanien kam die Sitte der Mizet Malti, der maltesischen Tapas. Bei den Nachspeisen machen sich auch Einflüsse aus dem nordafrikanisch-arabischen Raum bemerkbar.

Sparsam am Morgen

Während man an den Buffets der besseren Hotels ein britisch-kontinentales Frühstück mit Eiern und Speck, Brot, Marmelade und sogar Müsli genießen kann, fällt das maltesische Frühstück, wie in Südeuropa üblich, eher bescheiden aus. Auf dem Weg zur Schule oder zur Arbeit kauft man sich Snacks wie *pastizzi*, Blätterteigtaschen gefüllt mit Frischkäse oder Erbsenpüree.

Vor der Siesta

Mittags trifft man sich gern zu einem Glas Wein oder auf ein Cisk-Bier, dazu gibt es ein *ftira*, ein belegtes Brötchen, oder einige meist kalte Häppchen. In Spanien heißen sie Tapas, hier *mizet malti*. Dazu zählen geschmortes Gemüse, Oliven, Pürees wie das *bigelli* aus Bohnen und Knoblauch, *gbejniet*, gepfefferter Ziegenkäse, heute auch gern ein paar Scheiben Salami oder Schinken

DAS SCHMECKT IMMER

Fenkata: Zu den kulinarischen Traditionen gehört die Fenkata, ein Festessen mit Maltas Nationalgericht Fenek stuffat (Schmorkaninchen). Diese Tiere waren das einzige Wild, dass die Malteser unter der Herrschaft des Johanniterordens jagen durften, um dessen Plage für die Landwirtschaft einzudämmen. Heute stammen die Tiere allerdings nicht mehr aus freier Wildbahn, sondern vom Züchter.
Getränke: Das Bier der maltesischen Brauerei Farsons ist gut, so dass man das teure Importbier getrost ignorieren kann (▶ S. 4). Große Weinproduzenten, mit prämierten Weinen und Sekten, sind Marsovin (www.marsovin.com.mt) und Delicata (www.delicata.com). Urmaltesisch ist die Kinnie, eine süß-herbe Limonade aus Bitterorangen. Stets hervorragend schmeckt der Cappuccino auf Malta.

aus Italien. Beliebt ist auch das *tuna ftira*, knuspriges Bauernbrot, das mit Tomatenpüree und Olivenöl bestrichen und mit Thunfisch, Tomate und Salat belegt ist. Die meisten Touristen essen derweil Hamburger, Pizza und Pasta.

Abends wird es üppig

Abends isst der Malteser spät, nach Sonnenuntergang, dafür aber lang und üppig. Dann werden auch die Tische hübsch eingedeckt. Auf den Speisekarten stehen neben einigen maltesischen Traditionsgerichten zumeist italienische Speisen und Steaks, häufig auch einige asiatisch inspirierte Gerichte. Pasta ist immer dabei, gern mit Oktopus oder Seeigel-Sauce. Seltener bekommt man auch *ravjul*, maltesische Ravioli, oder *timpana*, ein Makkaroni-Auflauf. Fisch wird oft serviert, doch da auch die maltesischen Gewässer nicht mehr sehr fischreich sind, ist er zumeist, auch Thunfisch (Tuna), in Fischfarmen gezüchtet. Ansonsten sind Schwertfisch (Pixxispad), Seebarsch (Cerna) oder Zahnbrasse (Dentici) auf der Speisekarte zu finden. Oktopus gibt es gegrillt oder geschmort. Eine seltene Spezialität ist der Lampuki (Goldmakrele) – nur im Spätsommer.

ÜBRIGENS

Das beste Malta-Gebäck: Die *imqaret,* mit Dattel-Anis-Mus gefüllte Teigtaschen, werden in heißem Öl ausgebacken und gern mit Vanilleeis serviert. Sehr populär sind auch die mit Feigenmus gefüllten Teigkringel Ghaqaq ta'l-Ghasel.

BRAGIOLI AL-MAJJAL

Die **maltesischen Rouladen** gibt's im Restaurant heute meist mit Rindfleisch (die Briten sind schuld), traditionell sind sie vom Schwein. Als Beilage kocht die Hausfrau einfach eine Pasta, die mit der Sauce serviert wird.

Dünne Schweineschnitzel, geteilt in nur 15 cm lange Stücke, bestreicht man mit einer Paste aus gehacktem Ei, Oliven, Kapern, glatter Petersilie, Knoblauch und Toastbrot. Einwickeln, fixieren und scharf anbraten. Für die Sauce gehackte Zwiebeln und geraspelte Möhren andünsten, mit passierter Tomate und Rotwein verrühren und mit Lorbeer, Thymian, Salbei würzen. Vorsicht mit Salz, da in den Zutaten bereits viel Salz enthalten ist. Die Roulädchen nun eine gute Stunde in dem Sud bei schwacher Hitze schmoren (evtl. Wasser angießen). Zum Schluss frische Erbsen (oder TK) zugeben.

Süße Verführer

Als Dessert lieben die Malteser das süße *helwa tat-tork*, das aus Sesam, Mandeln und Honig gekocht wird. Auf den Speisekarten findet man aber eher die sizilianische Cassata oder das italienische Tiramisu und viele kreative Eigenkreationen. Auch in Malta muss es inzwischen kreativ sein, denn die Tradition ist ja nicht hip genug.

PREISE

Unsere Preiskategorien fürs Essen pro Person mit Getränk.
€   unter 20 Euro
€€   20 bis 35 Euro
€€€   über 35 Euro

Ihr Malta-Kompass

#2
Rotlicht reloaded –
**die Strait Street aka
›The Gut‹**

#3
Galgen und Folter-
kammer – **der Palast
des Inquisitors**

Und wenn du
nicht glaubst,
dann …

#1
Ein bisschen Barock
muss sein – **die St.
John's Co-Cathedral**

Ein
PFERDESTALL
als
KATHEDRALE?

cool statt hot

WOMIT FANGE ICH AN?

3
2
1

Kleines Dorf …
… und hohe Klippen

15
14
13
12

#15
Alone like a stone –
**Sannat und die
Klippen von Ta' Cenc**

*Pilz-
felsen
und
Blue
Hole*

ÄLTER ALS DIE
PYRAMIDEN?

PIRATEN
VOR DEN
MAUERN

#14
Gewaltige Kulisse –
**die Felsen von
Dwejra**

#13
Im Reich der Riesin –
Ggantija-Tempel

#12
Gozos Trutzburg –
**die Zitadelle von
Victoria**

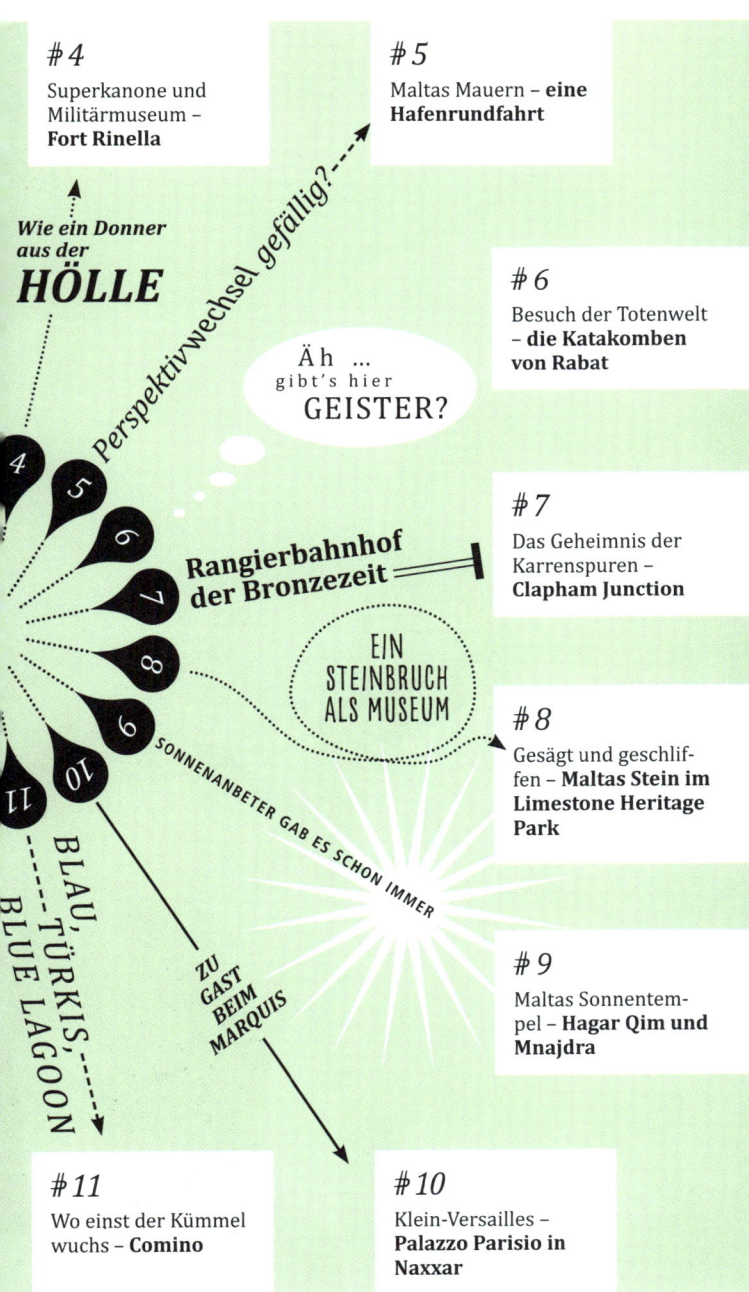

#4

Superkanone und Militärmuseum – **Fort Rinella**

#5

Maltas Mauern – **eine Hafenrundfahrt**

Wie ein Donner aus der **HÖLLE**

Perspektivwechsel gefällig?

#6

Besuch der Totenwelt – **die Katakomben von Rabat**

Äh ... gibt's hier GEISTER?

#7

Das Geheimnis der Karrenspuren – **Clapham Junction**

Rangierbahnhof der Bronzezeit

EIN STEINBRUCH ALS MUSEUM

#8

Gesägt und geschliffen – **Maltas Stein im Limestone Heritage Park**

SONNENANBETER GAB ES SCHON IMMER

BLAU, TÜRKIS, BLUE LAGOON

ZU GAST BEIM MARQUIS

#9

Maltas Sonnentempel – **Hagar Qim und Mnajdra**

#11

Wo einst der Kümmel wuchs – **Comino**

#10

Klein-Versailles – **Palazzo Parisio in Naxxar**

Großraum Valletta

Immer voll! Die Republic Street ist die Flaniermeile für ganz Malta, die Prachtstraße der Inselrepublik, die einmal längs über den Höhenrücken von Valletta führt. Früher nannte man sie Strada Reale, Königliche Straße. Ja, die Festung Valletta ist eine kleine Stadt, aber doch eine der Superlative, ein Hot-Spot der Geschichte! Und zugleich Zentrum der großen Häfen Maltas: des Grand Harbour mit Birgu, das früher Vittoriosa hieß, und mit Sliema am Marsamxett Harbour, wo der Malta-Tourismus begann. Und dann gibt es noch St. Julians, das die Malteser nun San Giljan nennen: das Nightlife-Zentrum, laut, voll und schrill an manchen Ecken, aber doch sehr romantisch an anderen.

Valletta 🗺 M/N 8/9

Valletta ist mit seinen 5150 Einwohnern die kleinste europäische Hauptstadt – und konnte sich 2018 mit dem Titel ›Kulturhauptstadt Europas‹ schmücken.

In den letzten Jahren – und selbst noch 2018 – wurde deshalb emsig gebaut, die Paläste, die Museen, die Festungsmauern. Denn Valletta ist eigentlich eine Festung, nach der Großen Belagerung 1565 durch die Türken am Reißbrett geplant und in einem Zug innerhalb weniger Jahre erbaut. Noch beim osmanischen Angriff waren dort, wo jetzt der Großmeisterpalast steht, die Geschützstellungen der Angreifer postiert. Diese neue Stadt entsprach ganz den Vorstellungen der Renaissance mit schachbrettartigem Straßenverlauf, den man trotz des sehr hügeligen Geländes umsetzte. Als Hauptstadt des Ordens der Ritter des hl. Johannes (der heutige Malteserorden) entwickelte sich Valletta zu einem Gesamtkunstwerk des Barock, das weltweit einzigartig ist.
Im Zweiten Weltkrieg wurde die Stadt durch Bomben stark zerstört, doch man baute sie nach alten Plänen wieder auf. Jedoch ist Valletta keinesfalls museal ›verstaubt‹ – das neu gestaltete Stadttor und der moderne Neubau des Parlaments belegen dies ebenso wie die lebendige Restaurantszene der jüngeren Malteser.

....

WAS TUN IN VALLETTA?

....

Über die Republic Street flanieren
Durch das vom Stararchitekten Renzo Piano umgestaltete City Gate geht man am neuen **Parliament Building** ❶ vorbei: alles modern, glatt und stolz. Selbst die mahnende Weltkriegsruine des Royal Opera House von 1877 dahinter wurde als **Teatru Rjal** ❷ zu einem modernen Openair-Theater umgebaut.
Und dann … dieser Blick: langgestreckt zieht sich die Republic Street über den

Ü
ÜBRIGENS

In-Guardia: In Fort St. Elmo gibt's auch heute Spektakel – eine Parade in farbenprächtigen historischen Uniformen! Die In-Guardia stellt mit ca. 50 Spielern eine Truppeninspektion der Ritterzeit durch den Grand Bailiff, der für die Aufsicht über das Militär zuständig war, nach. Termine s. www.visitmalta.com/en/events (ca. dreimal im Monat). Begleittexte auch in Deutsch, Eintritt 10 €, erm. und 6–12 Jahre 5 €.

Höhenrücken der Halbinsel, oft so mit Menschen gefüllt, dass man glaubt, es gäbe kein Durchkommen. Paläste, Boutiquen, Lokale, Kirchen säumen den Weg, auch das Archäologische Museum, die Kathedrale, der Großmeisterpalast und die Casa Rocca Piccola (▶ alle ab S. 20). Man geht und staunt. Wer sitzen will, findet die beste Gelegenheit auf dem **Republic Square** vor der Bibliotheca – dort sitzt auch Queen Victoria als Statue auf ihrem Marmorthron.

Rast in den Upper Barracca Gardens
Hinter dem Teatru Rjal liegt die **Pjazza Valette** mit einer Statue des Stadtgründers, des Großmeisters Jean de la Valette, dahinter die **Auberge de Castille** ❸, Herberge der kastilischen Ritter und heute Sitz des Ministerpräsidenten. Und dann die **Upper Barracca Gardens** ❹: der schönste Blick! Eine Kaskade aus Häusern und Festungsmauern, Schiffen und Werften umschließt den Grand Harbour, mittendrin das Fort St. Angelo. Einen guten Cappuccino gibt's im kleinen Café.
Etwas unterhalb der Aussichtsterrasse wird von der **Saluting Battery** täglich um 12 und 16 Uhr eine Kanone von einer Truppe in britischen Uniformen des 19. Jh. abgefeuert, die Kasematten kann man besichtigen (Lascaris War Rooms, ▶ S. 24). Mit dem Barrakka

Lift fährt man runter zum Lascaris-Kai und steigt dann über das **Victoria Gate** in die Stadt zurück: Dort an den St. Ursula Steps ist Valletta am schönsten.

Saluting Battery: www.salutingbattery.com, Mo–So 10–17 Uhr außer Fei, Eintritt 3 € inkl. Audioguide, Führung in Englisch 11 und 14 Uhr, 17 €

Stöbern an der Merchants Street

Der tägliche Markt Il-Monti (► S. 55) findet jetzt zwar an der Ordnance Street statt. Doch ist diese Straße, maltesisch Triq il Merkanti, gesäumt von historischen Lädchen, in die nun Boutiquen gezogen sind. Viele Lokale haben ihre Tische auf die Straße gestellt. Und das alles findet unter den Fassaden historischer Paläste statt – wie der Castellania, an deren linker Ecke noch der Pranger aus der Johanniterzeit zu sehen ist. Ganz vorn, in der Auberge d'Italie, hat nun das neue Kunstmuseum MUZA (► S. 24), eröffnet.

Am Ende der Straße kommen Sie zur Sacra Infermeria, zum National War Museum (beide ► S. 24) und zum **Fort St. Elmo** 5, quasi die Speerspitze

der Festung Valletta. An dem strategisch so wichtigen Platz errichtete der Orden eine Festung in Form eines fünfzackigen Sternes. Während der Großen Belagerung von 1565 hielt das Fort den türkischen Angriffen über einen Monat lang stand. Obwohl schließlich alle Ritter starben, trug es damit wesentlich zum siegreichen Ausgang des Krieges bei.

Auf der Sonnenseite chillen
Am Marsamxett-Hafen

Von St. Elmo geht es am schönsten an der Meerseite beim Marsamxetto zurück. Drüben in der Ferne das Häusermeer von Sliema, landseitig die anglikanische **St Paul's Cathedral** 6 der Briten mit spitzem Turm, die die Queen-Mum von Königin Victoria stiftete. Wer jetzt endgültig Ruhe braucht, flüchtet zum kleinen Hafen mit dem Anleger der Sliema-Fähre: Auf den Restaurantterrassen kann man fein die Füße ausstrecken und dem Meer zuhören, natürlich mit Blick auf die nächste Festung, Fort Manoel. Und dann geht langsam die Sonne unter. Ach, ist das schön!

Grell strahlt die Sonne durch die Arkaden der Upper Barracca Gardens, bringt alles ans Licht. Die Überdachung wurde abgerissen, so sagt man, weil sich hier die Priester trafen, die einen Aufstand gegen den Großmeister Ximenes planten.

Fort Manoel

Lazzaretto

Marsamxett Harbour

Sliema

Water Polo
Pitch

Sliema
Ferry

St. Sebastion
Bastion

English Curtain

German Curtain

Marsamxett St. (Triq Marsamxett)

Auberge
d'Bavière

Auberge
d'Aragon

Independence
Square

St. Charles
Street

St. Christopher

St. Salvatore
Bastion

Our Lady of
Mt. Carmel

The Fortress
Builders

Piazza
Mattia Preti

St. Patrick
Street

Old Mint Street (Triq iz-Zekka)

Old Theatre Street

Archbishop St.
(Triq l-Arcisqof)

St. George's
Square

Great Siege Road (Triq L-Assedju L-Kbir)

St. Michael's
Bastion

Great Ditch

Sappers
Street

Old Bakery Street

Melita Street

St. Mark Street

St. Augustine

Street (Triq iz-Zekka)

St. Lucia Street

Old Theatre Str.

Old Bakery Str.

Republic Street (Triq ir-Repubblica)

Republic
Square

Bibliotheca

Justice
Court

Great Siege
Square

Great Siege Road

V. Dimech Street

St. John's
Counterguard

M.A.
Vassalli Street

Windmill Str.

South Street

Old Mint Street (Triq iz-Zekka)

St. Andrew

Old Bakery Str.

St.
Augustine

St. Francis

St. John's
Square

St. John's
Square

Merchants Street (Triq il-Merkanti)

Triq San
Gwann

Hasting's
Garden

St. John's
Bastion

Ordnance Street

Pope Pius V Street

South Street

St.
Barbara

Piazza
Valette

St.
James

St. Paul's St.

Triq
Zachary St.

St. Ursula Street

Triq L-Assedju L-Kbir

St. Catherina

Battery Street

St. Anthony Street

St. Ursula Street

Victoria
Gate

Liesse Str.

Green St.
Sciberras

Triton
Fountain

City Gate Lift
(2018)

Ta'
Vitorja

Castille
Square

Castile St.

Saluting
Battery

Lascaris
Bastion

The Mall

Vjar II-Re Dwardu VII

Nelson Road

Maglio Gardens

Air Force
Memorial

Valletta Ditch

St. James
Bastion

St. James
Counterguard

Triq G. Cassar

Barrakka
Lift

Barrakka
Lift

Birgu
Ferry

Independance
Ground

Sarria Street

The Mall

Triq G. Cassar

Triq Sant' Anna

St. Publius

Triq M. Caruana

Triq San Publiju

Triq San Frangisk

Triq il-Kapuccini

Triq il-Imhazen

Floriana

King George V
Recreational
Grounds

It-Telgha Tal-Kurcifiss

Pinto Wharf (Xatt Pinto)

Triq il-Vittmi Furjaniżi
tal-Gwerra

Malta Cruise Port

Valletta
Waterfront

Grand Harbour

0   200 m

9 Grand Master's Palace
10 Casa Rocca Piccola
11 Teatru Manoel
12 Lascaris War Rooms
13 MUZA – Museum of Visual Arts
14 Sacra Infermeria (MCC)
15 National War Museum
16 Strait Street

In fremden Betten

1 Casa Asti
2 Luciano Boutique
3 Castille Hotel
4 The Manuel Boutique
5 Grand Hotel Excelsior

Satt & glücklich

1 Kantina Cafe & Wine
2 Luciano
3 Caffè Cordina
4 Museum Café
5 Is-Suq Tal Belt
6 Da Pippo
7 D'Office
8 The Harbour Club
9 La Sfoglia
10 Palazzo Preca
11 Papannis
12 Str.eat

Stöbern & entdecken

1 Agenda Bookstore
2 The Wembley Store
3 Il-Monti-Markt
4 Mdina Glass
5 Sunday Market in Floriana

Wenn die Nacht beginnt

1 Tico Tico Bar
2 Ortyga
3 Yard 32
4 Loop
5 Gugar Hangout
6 The Bridge Bar
7 Q Lounge

Sehenswert

1 Parliament
2 Teatru Rjal
3 Auberge de Castille
4 Upper Barracca Gardens
5 Fort St. Elmo
6 St. Paul's Cathedral
7 St. John's Co-Cathedral
8 National Museum of Archaeology

1

Ein bisschen Barock muss sein – **die St. John's Co-Cathedral**

Glanz und Gloria aus der Zeit des Ritterordens auf Malta – diese Kirche braucht den Vergleich mit römischen Barockkirchen kaum zu scheuen. Zugleich ist sie ein riesiger Friedhof: Großmeister und Ritter fanden hier ihre letzte Ruhe.

Beim Blick auf die opulente Ausstattung mag man es kaum glauben: Als Napoleon 1799 den Orden aus Malta vertrieb, wurde die Kirche geplündert, die Briten nutzten sie als Lagerhalle. Erst Papst Pius VII. machte diesem ›Frevel‹ 1816 ein Ende. Er akzeptierte, dass eine Rückkehr des Ordens unmöglich war und unterstellte die Kirche dem Erzbischof von Mdina als Zweitsitz. So kam es zu dem seltsamen Namen Co-Kathedrale.

Jean L'Eveque de la Cassiere war der klangvolle Name des französischen Großmeisters des Johanniterordens, der den Bau der **St. John's Co-Cathedral** 7 in der zweiten Hälfte des 16. Jh. in Auftrag gab. Der Militärarchitekt Gerolamo Cassar entwarf einen Bau von imposanten Ausmaßen, aber strenger Nüchternheit und Schmucklosigkeit – so wie man es noch von außen sehen kann. Geweiht wurde die Kathedrale Johannes dem Täufer, dem Schutzpatron des Ordens.

Frühbarocke Pracht

Haben sich die Augen erst einmal an die Dunkelheit im Inneren gewöhnt, ist man sprachlos – unglaublich ist der Kontrast zum schlichten Äußeren. Auftraggeber dieser beispiellosen Barockisierung waren die Großmeister Nicolao und Raffale Cotoner. Ihre Initialen NC und RC dienen

immer wieder als Wandverzierung. Dabei war die Pracht einst noch gewaltiger, doch was nicht niet- und nagelfest war, ließ Napoleon 1798 konfiszieren. Kunstwerke wie die Marmorgruppe mit der Taufe Jesu durch den hl. Johannes über dem Hauptaltar waren den Franzosen zu schwer …

Aber fangen wir oben an: Das Deckengemälde zeigt 18 Szenen aus dem Leben Johannes des Täufers, geschaffen vom calabrischen Barockmaler Mattia Preti, der fast ein ganzes Leben im Dienst des Ordens auf Malta verbrachte. 1699 erhielt auch er ein Grabmal in der Kathedrale – am linken Pfeiler beim Haupteingang.

Apropos Gräber: Sie laufen gerade darüber! Den gesamten Boden bilden über 370 farbige Grabplatten mit wertvollsten Steinintarsien, die über jene adligen Ordensritter berichten, die hier ihre letzte Ruhe fanden. Man erkennt neben Inschriften und Wappen auch allerlei Symbolisches, das an die Vergänglichkeit erinnert – Sanduhren oder auch Gerippe, die eine Sense halten.

In den seitlichen Kapellen finden sich natürlich … weitere Gräber, dort aber mit höchst eindrucksvollen Sarkophagen. Hier liegen nämlich die Großmeister begraben, die sich für die Nachwelt als mächtige Herrscher inszenierten. Den Barock auf die Spitze treibt das Grabmal von Manoel de Vilhena, ein bronzenes Meisterwerk. Auf dem Sarkophag erkennt man den Großmeister, wie er den Bauplan von Fort Manoel begutachtet, dessen Stifter er war. Und unter dem Grab von Nicolao Cotoner kauern ein maurischer und ein türkischer Sklave in Fesseln.

Caravaggios Meisterwerke

Durch die erste Kapelle auf der (rechten) Südseite geht es ins Oratorium, das heute Maltas wertvollstes Gemälde zeigt: Caravaggios Meisterwerk »Die Enthauptung Johannes des Täufers«.

Caravaggio, der berühmteste Maler des Frühbarock, wurde 1571 in Oberitalien als Michelangelo Merisi geboren. Nach Aufenthalten in Rom und Neapel, wo er von Klerus und Adel protegiert wurde, gelangte er nach Malta. Im Auftrag des Großmeisters Wignacourt entstand 1608 sein Monumentalwerk, das die Enthauptung des Jo-

Am **Great Siege Monument** neben dem Besuchereingang ist seit November ein bedrückender ›Altar‹ aufgebaut. Seitdem 2017 die investigative Journalistin Daphne Caruana Galicia ermordet wurde, ist die Öffentlichkeit Maltas gespaltener denn je. Sie hatte die mafiösen Verstrickungen der Politiker Maltas bis hinauf zum Premierminister Joseph Muscat angegriffen. Die Täter wurden nach 5 Jahren verurteilt, die Hintermänner sind weiterhin ›unbekannt‹.

Die Kathedrale erinnert ein wenig an einen … **Pferdestall** – das hat sogar der Architekt zugegeben. Goldverzierte Pfeiler mit dem achtspitzigen Johanniterkreuz trennen **14 Kapellen** in den Seitenschiffen voneinander ab. So hatte jede Landsmannschaft des Ordens eine eigene Kapelle. Die Altarbilder dort zeigen stets den jeweiligen Schutzpatron. Besonders schön ist die restaurierte Kapelle der Italiener (die vierte auf der linken Seite).

Realismus pur: die Enthauptung live. Johannes liegt am Boden des Gefängnishofes, während der Henker sich über ihn beugt, um den Kopf mit einem Messer abzutrennen. Links schauen ein Gefängniswärter, eine alte Frau und Salome beim Mord zu. Letztere hält begierig die Schale für den abgetrennten Kopf.

hannes zeigt. Wie alle seine Gemälde wirkt dieses Werk in vielerlei Hinsicht schockierend: brutal-realistisch die Darstellung, volksnah aus der Entstehungszeit die Personen, merkwürdig wie im Film noir die Beleuchtung! Caravaggio schien das Werk aber besonders gelungen, jedenfalls ist es das Einzige, dass er jemals signiert hat. Die Blutlache unter dem Kopf geht über in den Schriftzug »Fr. michelang«.

Kleiner, aber nicht minder eindrucksvoll ist das zweite Caravaggio-Gemälde im Oratorium: Es zeigt den hl. Hieronymus, wie er mit nacktem Oberkörper (shocking!) den Bibeltext vom Hebräischen ins Lateinische übersetzt. Als Modell soll sich Großmeister Wignacourt höchstpersönlich zur Verfügung gestellt haben (shocking!). Auch hier wieder das dramatische Hell-Dunkel, das typisch für die Werke des Malers ist.

Wertvolle Bildteppiche

Im neuen, 2020 eröffneten Museum werden in modernem Rahmen historische Gemälde, Liturgiegerät, klerikale Gewänder und 29 berühmte Tapisserien ausgestellt. Sie wurden um 1700 in der Brüsseler Manufaktur von Judocus de Vos gewebt und zeigen religiöse Szenen sowie ein Porträt des Stifters, Großmeister Ramon Perellos y Roccaful. Alljährlich am Patronatsfest im Juni werden die Wandteppiche, der größte erhaltene Satz weltweit, in der Kathedrale ausgehängt. Große Fenster geben den Blick auf den Campo Santo mit dem Massengrab für die Gefallenen aus der Großen Belagerung 1565 frei.

INFOS/ÖFFNUNGSZEITEN

St. John's Co-Cathedral 🟧**7**: Kircheneingang St. John's Square, Besuchereingang Republic Street mit Kasse, www.stjohnscocathedral.com, Mo–Sa 9–16.45 Uhr, So u. Fei geschl., Eintritt 15 €, erm. 12 €, Kinder unter 12 J. frei, Audioguides auch auf Deutsch. Dresscode: keine High Heels, keine kurzen Hosen und keine nackten Schultern! Besucherzahlen sind begrenzt.

KULINARISCHES FÜR ZWISCHENDRIN

Rund um die Kathedrale gibt es jede Menge Lokale! Seitlich vom Haupteingang sitzt man schön unter Baumschatten im **Kantina** ❶ oder sonniger bei **Luciano** ❷. Oder Sie gehen gleich zum Republic Square ins **Caffè Cordina** ❸ (▶ S. 28) zu Füßen der Queen Victoria und direkt am Eingang der nächsten barocken Supershow, dem Großmeisterpalast (▶ S. 23).

Faltplan: M/N 9 | **Cityplan:** S. 19 | **Zeit:** ca. 2 Std.

MUSEEN, DIE SICH LOHNEN

Die Tempelbauerkultur
National Museum of Archaeology 8

Das einzigartige Museum in der ehemaligen Herberge der provenzalischen Ritter hütet die bedeutendsten Funde aus den Tempeln der maltesischen Megalithkultur. Fotos zeigen den unterirdischen Grabtempel des Hypogäums (▶ S. 37) – ein Modell verdeutlicht, wie komplex der Bau war. Wie die mächtigen Megalithblöcke gewonnen und bewegt wurden, zeigt eine Schautafel. Im Original sind Opferaltäre, Darstellungen von Tierprozessionen und viele Figurinen von großer Leibesfülle ausgestellt. Besonders berühmt: der Rest einer Monumentalfigur, die mit einer Art Rock bekleidet ist und wohl einst 2,50 m maß; die auf Pritschen schlafenden Priesterinnen und schließlich die »Venus von Malta« – die anatomische Präzision der mehr als 4000 Jahre alten Figur ist verblüffend. Welch große Bedeutung das Spiralmotiv für die Tempelbauer hatte, belegt der Raum, der den Funden aus Tarxien gewidmet ist. Im Obergeschoss werden Funde aus der phönikisch-punischen Epoche vor der Römerzeit ausgestellt. Besonders großartig ist der vollständig ausgemalte Gran Salon als letztes Werk des Ordens.

Republic Street, www.heritagemalta.mt, tgl. 10–18 Uhr, letzter Einlass 17.15 Uhr, 5 €, erm. 3,50 €

Die Herrlichkeit des Ritterordens
Grand Master's Palace 9

In dem 1571 begonnenen Palast residierten die auf Lebenszeit gewählten Großmeister, die dem Johanniterorden vorstanden. Nachdem der Orden Ende des 18. Jh. von Malta vertrieben worden war, hatte der britische Gouverneur dort sein Domizil. Heute empfängt der Staatspräsident in den Prunkräumen die Staatsgäste. Als Hausherr darf er ohne Vorankündigung den Palast für die Öffentlichkeit schließen lassen.
Der Palast besitzt zwei Höfe: Der Neptunshof ist benannt nach der Brunnenfigur, hier lagen früher die Pferdeställe.

Der zweite Hof verdankt seinen Namen dem Sohn von Queen Victoria, Alfred. Sämtliche Bäume, Exoten aus dem Empire, ließ der Prinz anlässlich seines Staatsbesuchs 1858 pflanzen.
Porträts der Großmeister und Ritterrüstungen schmücken den Korridor im Piano Nobile, an dem die **State Rooms,** die für offizielle Zwecke genutzten Prunksäle, liegen. Der Tapestry Room ist

Der Löwe ist arbeitslos. Einst bewachte er den Aufgang zum Ratssaal des Ritterordens, später zum Parlament. Doch das ist nun umgezogen.

mit einem wunderbaren Gobelinsatz der »Teintures des Indes« mit exotischen Darstellungen aus der Neuen Welt ausgekleidet. Hergestellt wurden sie in der Manufaktur Ludwigs XIV in Paris. Im Großen Ratssaal, der auch für Konzerte genutzt wird, dokumentiert ein Fries von Matteo Perez d'Aleccio Episoden der Großen Belagerung. Die **Armoury,** die Waffenkammer, ist mit 5700 Stücken eine der größten Sammlungen aus dem 16./17. Jh. und enthält auch Beutestücke der Türken von 1565.

Eingang Republic Square, www.heritagemalta. mt, State Rooms und Armoury Mo–Sa 10–18, letzter Einlass 16.30 Uhr, Eintritt für State

Rooms u. Armoury ca. 15 €; war Ende 2023 jedoch für Renovierung noch geschlossen.

Ein vornehmes Adelshaus
Casa Rocca Piccola 10
Das von außen eher schlichte Stadthaus bietet einen Einblick in die Wohnkultur des maltesischen Adels. Das Anwesen aus dem 16. Jh. wird noch immer von der Familie des Marquis de Piro bewohnt. In krassem Kontrast zu der Eleganz und Raffinesse der Wohnräume stehen die Bunker im Keller, in denen die Bürger Vallettas während des Zweiten Weltkriegs Zuflucht suchten.
74 Republic Street, T 21 22 14 99, www.casaroccapiccola.com, Führungen stdl. Mo–Sa außer Fei 10–16 Uhr, Eintritt 9,50 €, erm. 6 €, Audioguide in Deutsch über eine App

Das älteste Theater Europas
Teatru Manoel 11
1731 wurde das Theater von Großmeister Manoel de Vilhena gestiftet. Das prächtige Auditorium ist nach dem Vorbild der Mailänder Scala entworfen und stammt aus dem 19. Jh. In den vier Rängen haben über 700 Personen Platz. Requisiten aus vergangen Zeiten zeigt das Museum, darunter auch eine Windmaschine. Besonders nett sitzt man im Café im überdachten Innenhof.
115 Old Theatre Street, Führungen Mo–Fr 11 u. 15, Sa 10.30–12.30 Uhr, Eintritt 5 € inkl. Audioguide in Deutsch, Theaterkarten und Programm online unter www.teatrumanoel.com.mt

Das Hauptquartier der Briten
Lascaris War Rooms 12
Unterhalb der Upper Barracca Gardens versteckt sich der Befehlsstand des britischen Oberkommandos für das Mittelmeer in tiefen Felsstollen. Die Originaleinrichtung blieb komplett erhalten. Hier plante und steuerte Eisenhower im Zweiten Weltkrieg die alliierte Invasion von Sizilien im Juli 1943.
Zugang ab St. James Countergard, am Ende der Busstationen, oder ab Saluting Battery, www.lascariswarrooms.com, Mo–Sa 10–16.30 (letzter Eintritt 16 Uhr), Tickets 14 €, erm. 12 €, Fam. (2 Eltern + 3 unter 16 J. 28 €), Kinder 5–15 J. 7 €; Sammelticket Heritage Pass mit Saluting Battery und Fort Rinella 43 €

Das alte Malta in Bildern
MUZA – Museum of Visual Arts 13
Das Kunstmuseum Maltas wurde in der Auberge d'Italie in einer modernen, kontextbezogenen Konzeption wiedereröffnet. Hauptsächlich sind Werke vom 12. Jh. bis zum Barock zu sehen, vie e auch vom Malta-Maler Mattia Preti. Vor allem aber sollte man sich die Art-déco-Skulpturen von Antonio Sciortino anschauen. Schöne Hafenszenen von Louis du Cros und anderen zeigen das Valletta des 18. und 19. Jh.
Auberge d'Italie, Eingang Pjazza Valette, www.muza.mt, März–Dez. tgl. 10–18, sonst 9–17 Uhr außer Fei, Eintritt 10 €, erm. 7,50 €

Das Hospital des Ordens
Sacra Infermeria (Mediterranean Conference Center) 14
Die bereits 1566 errichtete Sacra Infermeria war ein für die damalige Zeit ungemein fortschrittliches Krankenhaus. Jeder der über 700 Patienten hatte ein eigenes Bett, das Essen wurde auf sauberen Tellern aus Silber serviert. Sogar die Ordensritter mussten hier Dienst tun.
Das lang gestreckte Gebäude dient heute als Konferenzzentrum (Mediterranean Conference Centre), dennoch blieb der gewaltige Krankensaal erhalten. Mit lebensgroßen Puppen berichtet die Ausstellung The Knights Hospitallers über die Krankenpflege des Ordens.
Triq il-Mediterran, Besichtigung über The Malta Experience gegenüber: 11–16, Sa/So, Fei 11–14 Uhr, Eintritt 18 €, www.themaltaexperience.com; animierte Besichtigung mit Audioguide: www.relivingthesacrainfermeria.com, 6 €

Bombenterror über Malta
National War Museum 15
Das moderne Museum beleuchtet Maltas Geschichte der Großen Belagerung 1565 und der beiden Weltkriege. Im Zweiten Weltkrieg wurde die Insel nicht nur heftig bombardiert, sondern auch von allen Nachschublinien abgeschnitten. Malta erlitt 1942 eine große Hungersnot und war beinahe zur Kapitulation gezwungen. Erst der Sieg der Briten bei El Alamein in Ägypten beendete die Blockade. Nach dem Krieg wurden die

Kinder lieben es, auf alten Kanonen zu reiten – dazu haben sie in Valletta viele Gelegenheiten, selbst vor der Auberge de Castille, dem Amtssitz des Premierministers.

Malteser für ihr tapferes Ausharren von König George VI. mit dem Georgskreuz geehrt, das im Original ausgestellt ist. Triq il-Mediterran, Fort St. Elmo, www. heritagemalta.mt, tgl. 10–18 Uhr, Eintritt 10 €, erm. 7,50 €; So mit In Guardia-Show 12–18 Uhr

SCHLEMMEN, SHOPPEN, SCHLAFEN

 In fremden Betten

Der Charme der Tradition
Casa Asti ❶
Nett geführte Pension unterhalb der Upper Barracca Gardens mit 40-jähriger Tradition. Die 8 Zimmer wurden modern aufgefrischt, aber die untere Etage zeigt noch den Charme des alten Malta.
18 St. Ursula Steps, T 21 23 95 06, www. casaastimalta.com | €–€€

Mitten drin
Luciano Boutique ❷
Der historische Palazzo direkt neben der Johannes-Kathedrale wurde zu einer romantischen Boutique-Pension umgebaut. Mitten in der Stadt und über dem Cettina Restaurant bieten die Zimmer einen Mix aus Neu und Alt mit hübschen Antiquitäten.

21 Merchant Street, T 77 11 11 10, www. lucianovalletta.com | €€

Für Romantiker
Castille Hotel ❸
Mittelklasse-Hotel in einem alten Stadtpalast nahe beim Busterminal, die Zimmer sind farblich frisch, aber mit historischen Antiquitäten ausgestattet – alles echt und kein Ikea! Auf der Dachterrasse gibt es das Frühstück mit Hafenblick und im Basement ein Snack-Cafe mit gutem Cappuccino.
Castille Place, T 21 22 01 73, www. hotelcastillemalta.com | DZ €€

Modern in altem Gemäuer
The Manuel Boutique Hotel ❹
Schicke Unterkunft in einem Palast des 17. Jh., großzügige Zimmer mit moderner Einrichtung. Einziger Nachteil: Es liegt mitten in der Stadt und damit 15 Min. und einige Treppen vom Bus-Terminal entfernt.
55 Old Theatre Street, T 77 48 10 59, auf booking.com | €€€

Moderner Luxus
Grand Hotel Excelsior ❺
5-Sterne-Hotel vor der Stadtmauer am Hafen mit großartigem Blick über den

Rotlicht reloaded – **die Strait Street aka ›The Gut‹**

Die Strait Street, die engste und versteckteste Gasse Vallettas – das war einmal die verrufenste, aber, zu bestimmten Zeiten, auch die belebteste: Seeleute, Säufer, Seelenlose gaben sich hier mit maltesischen Mädchen ein Stelldichein. Jetzt ist plötzlich alles … hip.

Das Leben ist manchmal brutal. Die Sprache muss folgen, wenn sie die Dinge nicht noch schlimmer macht. ›The Gut‹ hieß die Gasse im britischen Slang, was Schlauch oder Kloake bedeuten kann, aber nicht muss – hier jedenfalls stand es für das, was die Männer suchten. Schlechter Geschmack ist eben oft das Ergebnis, wenn Männer allein und Mädchen arm sind.

Nun guck doch da nicht so hin! Vergammelte Bar-Reklame und Tür-Graffiti … mehr blieb nicht vom alten ›Gut‹. Nach dem Abzug der letzten britischen Soldaten 1979 blieben die Bars leer, die Mädchen allein. Anfang der 90er war das letzte rote Licht aus.

Neuer Anfang – schick bis cool

Gut 20 Jahre nach dem Niedergang der Rotlichtmeile an der **Strait Street** `16` (malt. Triq id-Dejqa) kam die Gentrifizierung auch in Valletta an: Auf der Suche nach einer coolen Location erweckten Clint Debono und Mark Zammit das alte Tico Tico zu neuem Leben – jene Bar, die als letzte schloss, war die erste, die wieder öffnete. Während sie

mit ihrem zusammengeklaubten, etwas schmud-
deligen Flohmarkt-Interieur noch auf die coolen
SoHo-Hipster setzt, folgten bald weitere, für die
eher Italo-Schick das Maß aller Dinge ist.

Von Süden gen Sündenbabel

Die Strait Street verläuft schnurgerade einmal
ganz durch Valletta. Ihr Vorteil: sie ist so eng und
so versteckt, dass man dort treiben kann, was
man will. Den Anfang macht die **Trabuxu Bar** (Nr.
1) an der Ecke South Street. Die ›Korkenzieher‹
Bar machte die Mode der Treppensitzer-Locations
populär. Auf den ehrwürdigen Steinstufen konnte man wunderbar sitzen, quatschen und flirten.

Bis zur nächsten Querstraße, der **Melite Street**
(Triq Melita) wird schon das Muster klar. Verfallene, verlassene Häuser mit verblichener Reklame
früherer Handwerksbetriebe wechseln mit reno-
vierten, in die nun Immobilienmakler und Anwalts-
kanzleien gezogen sind. Dann folgt ein breiterer
Abschnitt, hier wurde nach dem Weltkrieg neu
gebaut. Danach wird's wieder enger: hippe Bars
wechseln mit Ruinen, auch einige schicke Out-
let-Stores haben sich angesiedelt.

Ab der **Sta. Lucia Street** wird es plötzlich voll.
Dort, hinter dem Hauptplatz Vallettas, reiht sich Lokal an Lokal, die Tische an der Gasse sind abends
fast immer belegt. Hinter der Old Theatre Street
folgt dann die **Tico Tico Bar**, mit der die eigentliche
Rotlichtmeile erst begann. Bis hinunter zur Küste
immer das gleiche Bild: verfallene Häuser, im Erdgeschoss eine zugesperrte, fensterlose Doppeltür.
Vor diesen Türen saßen sie einst. Wird nicht mehr
lange dauern, und auch hier ist alles hip renoviert!

ÜBRIGENS

Auferstehung aus Rui-
nen! Die Wiederbelebung
der Strait Street hatte
eine Initialzündung: die
**Neugestaltung des
Saint George Square**
(Misrah San Gorg) vor
dem Großmeisterpalast.
Früher parkten hier Au-
tos, heute wird flaniert.
Abends, wenn die Luft
weich und angenehm
wird, trifft man sich hier
gern, um dann in eine
Kneipe weiterzuziehen.
Und im Sommer liegt
Musik in der Luft.

K U L I N A R I S C H E S   F Ü R   Z W I S C H E N D R I N
Bars: Neben **Tico Tico** ✳ (Nr. 61,
www.ticoticomalta.com, ▶ S. 29)
sind die coolsten Bars das **Ortyga** ②
(Nr. 11, romantisch mit Schaukeln), das
Yard 32 ✳ (Nr. 32, www.yard32.com,
Top-Gin-Drinks und Tapas) und das
Loop ✳ (Nr. 60, fb.com/loopcafe.mt,
Jugendszene, Livemusik).

Fine Dining: In einem alten Palast
speisen Sie im **Palazzo Preca** ⑩
(▶ S. 28), Mittwoch abends stilecht
nur bei Kerzenlicht. Schicke Italo-
Küche hat das **Papannis** ⑪ (Nr. 55,
fb.com/papannis), aufgepeppte
Burger-Küche das **Str.eat** ⑫ mit Tischen
am Palastplatz (tgl. ab 12 Uhr, abends
mit Livemusik).

Faltplan: M/N 9 | **Cityplan:** S. 19 | **Zeit:** ca. 1 Std.

Marsamxetto. Elegant eingerichtete Zimmer, schöner Poolbereich, weitläufiges Spa und großes Wellness-Angebot. Das Tiki Restaurant an der Yacht Marina ist auch für Nicht-Gäste zugänglich (€).
Great Siege Road, Floriana, T 21 25 05 20, www.excelsior.com.mt | €€–€€€

 Satt & glücklich

Das älteste Café
Caffè Cordina ③
Schon seit 1837 versorgt das Caffè Cordina seine Besucher mit süßen Leckereien und auch Mittagssnacks und Salaten. Die Tische auf dem Republic Square sind ideal fürs *people watching:* dort kommen alle mal vorbei!
244 Republic Street, www.caffecordina.com, Mo–Sa 8–19, So 9–15 Uhr | €

Snackküche für kalte Tage
Museum Café ④
Winziges Café, vollgehängt mit lustiger alter Werbung. Ideal für die Mittagspause abseits der Touristenströme, gute Ftira-Sandwiches (um 6 €) oder traditionelles Timpana (Makkaroni-Auflauf).
24 Triq Melita, T 21 24 28 33, Mo–Sa 7–15 Uhr | €

Markthalle als Erlebnisgastro
Is-Suq tal Belt ⑤
In der toll aufgefrischten Makthalle kann man nicht nur wunderbar Delis kaufen (im UG). Im Erdgeschoss reihen sich preiswerte Lokale für einen Mittagssnack aneinander, davor gibt's eine riesige Freiluftterrasse.
62 Merchants Street, www.issuqtalbelt.com, tgl. 7–22 Uhr | €

Nur indoor, aber authentisch
Da Pippo ⑥
Kleines Restaurant, rustikal dekoriert mit Bildern und Weinflaschen, sehr beliebt bei Maltesern und daher spätestens um 12 Uhr brechend voll. Also: reservieren! Leckere italienische Pasta, auch Fisch, tgl. wechselnde Karte.
136 Triq Melita, T 21 24 80 29, Mo–Sa 11.30–15.30 Uhr | €€

Versteckt auf der Straße sitzen
D'Office ⑦
Kleines Bistro, versteckt hinter dem Großmeisterpalast mit Tischen auf der Straße. Die Küche ist mediterran mit Traditionsgerichten wie z. B. Oktopus-Stew. Mittags reicht auch die Malta-Platte für zwei.
Archbishop Street/Frederick Street, T 27 22 14 75, www.dofficebistro.com, tgl. 9–23 Uhr   €€

Hafenblick unverstellt
The Harbour Club ⑧
Modern und schick in altem Gemäuer, das ist das Motto des Lokals unterhalb der Lascaris Bastion mit grandiosem Blick nach Fort St. Angelo. Dafür speist man hier Menü – ab 55 € für 2 Gänge.
4/5 Quarry Wharf, T 21 22 23 32, www. theharbourclubmalta.com, tgl. 18.30–22 Uhr | €€€

Italienisch ganz fein
La Sfoglia ⑨
In der großen, windgeschützten Terrasse auf der Straße werden feinste Meeresfrüchte und Fleisch alla italiana serviert, z. B. Arancini Nero di Seppia oder Seebarsch Al Sale.
67 Merchants Street, www.lasfogliarestaurant. com, T 79 91 99 66, tgl. 12.30–22.30 Uhr | €€€

Speisen wie im 18. Jahrhundert
Palazzo Preca ⑩
Die Schwestern Ramona und Roberta Preca haben einen alten Stadtpalast zu einer tollen Location gestaltet: Das ist nicht nur wegen der gehobenen Küche bemerkenswert, sondern auch wegen des unglaublichen Ambientes – man fühlt sich wie dereinst Cagliostro.
54 Strait Street, T 21 22 67 77, www. palazzoprecavalletta.com, Di–Do 12–16, Fr, Sa Mo 12–22, So 12–14.30 Uhr | €€–€€€

 Stöbern & entdecken

Bücher
Agenda Bookstore 🛈
Große Auswahl an Büchern über Malta (auch auf Deutsch).
26 Republic Street

Delikatessen
The Wembley Store

Feine Spezialitäten aus aller Welt, Käse, Charcuterie, Wein, Malta-Honig, britische Marmeladen.

305 Republic Street, www.thewembleystore.com

Markt
Il-Monti-Markt

Klamotten, Accessoires, Spitzenslips – alles billig und durchaus sehenswert.

Ordnance Street, Mo–Sa bis ca. 13.30 Uhr

Kunst aus Glas
Mdina Glass

Echte Glasbläserkunst, außergewöhnlich und sehr bunt.

14 Merchant Street, www.mdinaglass.com.mt

Sonntagsmarkt
Sunday Market

Von Trödel bis hin zu Haustieren, allein schon das Zuschauen macht Spaß.

Vormittags bis ca. 13 Uhr an der Porte des Bombes vor Floriana

··

✹ **Wenn die Nacht beginnt**

Rotlicht war einmal
Tico Tico Bar ✹

The Gut as it once was (▶ S. 26), so steht's an der Tür, doch das Publikum ist nur jung und hip – und immer gute Stimmung. Immerhin hängen noch wie einst bunte BHs vom Balkon.

61 Strait Street, T 77 13 26 22, tgl. 18–2, Sa/So ab 12 Uhr, fb.com/ticoticomalta

Crazy, aber nett
Gugar Hangout

Szenetreff der maltesischen Twens mit einem lustigen Team. Eher rockige Musik, Alternativ-Ambiente und glutenfreie Snacks. Der Name spricht sich übrigens Dschugar.

89 Republic Street, fb.com/gugarmalta, Mi–Sa ab 10, Di, So ab 17 Uhr till late

Treppensitzen zu Livejazz
The Bridge Bar

Hippe Bar an der Brücke beim Victoria Gate, die im Sommer zur großen Terrasse wird. Bei den Friday Jazz Sessions (Mai bis Okt.) drängen sich die Gäste und hocken auf den Treppen.

258 St. Ursula Street, T 79 47 42 27, fb.com/ www.bridgebar.valletta, Mi–Sa ab 19 Uhr

Schick am Kreuzfahrthafen
Q Lounge & Hookah Bar

Schicke Bar am Kreuzfahrthafen. Junges Publikum, mediterrane Küche; Shisha kann, muss aber nicht.

Valletta Waterfront, Vault 1, tgl. ab 17, So auch ab 12 Uhr, www.merkantimalta.com

Im Sommer haben Sitzkissen in Valletta Konjunktur. Man sitzt draußen auf den Treppen – in der Bridge Bar wird freitags moderner Jazz dazu gespielt.

BIRGU (VITTORIOSA)

Sehenswert
1. Kirche San Lawrenz
2. Inquisitor's Palace
3. Sacra Infermeria (heute Kloster)
4. Maritime Museum
5. Fort St. Angelo
6. Vedette und Gardjola Garden

Satt & glücklich
1. Café du Brazil
2. Bebirgu

3. Sottozero Gelato Factory
4. Don Berto
5. Il-Hnejja

Sport & Aktivitäten
1. Birgu Water Taxis
2. Rolling Geeks

FORT ST. ANGELO

Porta della Marina

St. Anne's Chapel

Xatt Sant' Angelu

INFOS UND TERMINE

Tourist Information
28 Triq Melita, Mo–Sa 9–17.30, So, Fei 9–13 Uhr
Fähre: nach **Sliema** unterhalb Pjazza M. Preti, nach **Birgu** unterhalb Lascaris

Die Festa: Im Sommer finden in allen Orten Feste zu Ehren der Kirchenheiligen statt. Fahnen, Girlanden, Statuen und Lichterketten schmücken die Straßen. Begleitet von Blasmusik trägt man die lebensgroße Figur des Schutzheiligen durch die Straßen. Das ganze Dorf ist auf den Beinen, an Straßenständen gibt's maltesische Spezialitäten zu probieren. Höhepunkt einer jeden Festa ist ein großes Feuerwerk, das meist am Samstag ab 22 Uhr gezündet wird.

Bastion, alle 30 Min., einfach 1,50 €, www.vallettaferryservices.com
Festa: St. Paul's am 10. Feb., St. Augustine Anfang Mai, am 21. Juni St. John's Co-Cathedral, die Karmeliterkirche (Mount Carmel) Mitte Juli.
Fireworks Festival: 30. April, Feuerwerk am Grand Harbour. www.maltafireworksfestival.com
Karneval: Februar, Kostümparade zwischen City Gate und Palace Square.
Malta Jazz Festival: Anfang Juli, fb.com/maltaJazzFestival
Malta Arts Festival: Mitte Juli, fb.com/MaltaArtsFestival
Independence Day: am Vorabend des 21. September großes Volksfest vor St. Publius (Floriana) mit Feuerwerk.

IN DER UMGEBUNG

Die Vorstadt Vallettas
Floriana (📖 M 9) ist benannt nach dem Italiener Pietro Paolo Floriani, der 1634 den zweiten Befestigungsring vor Valletta errichtete. Der Mittelpunkt Florianas ist die **Kirche St. Publius** (San Publiju). Die erhöhten Steinplatten

auf dem großen Platz vor der Kirche verschließen einstige Getreidespeicher. Im Grünzug der **Maglio Gardens (The Mall)** nebenan stehen Monumente zur Geschichte Maltas. Schöne Ausblicke verspricht der neugestaltete **Argotti Botanical Garden** auf den Bastionen.

Valletta Waterfront
Beim Pinto Wharf unterhalb von Floriana am Grand Harbour hat Malta ein modernes **Kreuzfahrtterminal,** den Malta Cruise Port, gebaut. In den alten Lagerhäusern aus der Barockzeit haben sich inzwischen Bars und Restaurants angesiedelt, ein beliebter Treffpunkt für Nachtschwärmer. Den Weg verkürzt der **Barrakka Lift** zu den Upper Barracca Gardens (allerdings nur bis 23 Uhr).

Birgu (Vittoriosa)
N 9

Überall Mauern und Geschichte! An der östlichen Seite des Grand Harbour, rund um die Festung St. Angelo, hatte der Ritterorden

seine erste Residenzstadt; hier verteidigte er Malta gegen den osmanischen Angriff 1565 bei der ›Großen Belagerung‹ (Great Siege).

Birgu erhielt danach den Ehrennamen Vittoriosa, ›die Siegreiche‹. Innerhalb der später gebauten Festungswerke der Cottonera Lines, der gewaltigsten Maltas, entstanden später die Orte L-Isla (Senglea) und Bormla (Cospicua), zusammen bilden sie die historischen ›Three Cities‹ aus der Johanniterzeit. Seit britischer Zeit lebten hier vor allem Hafenarbeiter, die in den Docks Lohn und Brot fanden. Inzwischen stehen diese Orte vor einer umfassenden Gentrifizierung. Die historischen Bauten werden zu Apartments und Büros umgebaut.

WAS TUN IN BIRGU

Das Schwert des Großmeisters
Der einzigartige Inquisitionspalast (▶ S. 32) und die **Kirche San Lawrenz** 1 sind die bedeutendsten historischen Bauten. Die Kirche wurde

Galgen und Folter-kammer – **der Palast des Inquisitors**

Ja, das ist beklemmend. Kirchlicher Prunk, kirchliche Grausamkeit. Aber seit der Renovierung lohnt die wirklich gute Präsentation noch mehr. Jedenfalls wenn man auf die kleinen Details achtet. Ein bisschen Grusel ist natürlich dabei!

Als im 16. Jh. die Reformation Europa erschütterte, hielt die Inquisition auch auf Malta Einzug. Großmeister Jean L'Eveque de la Cassiere hatte den Papst darum ersucht, einen Inquisitor auf die Insel zu entsenden. Er hoffte, dadurch einen Streit mit dem Bischof von Mdina für sich entscheiden zu können. 1574 bezog der erste Inquisitor die frühere Castellania (den Gerichtshof) des Ordens, heute **Inquisitor's Palace** 2 genannt.

Schnell musste der Großmeister erkennen, dass er sich mit diesem Schachzug einen Bärendienst erwiesen hatte: Der Inquisitor schaute in päpstlichem Auftrag auch dem Orden selbst auf die Finger – und sorgte nur für Ärger. Im 18. Jh. sollen unbotmäßige Ordensritter, die in die Fänge der Inquisition geraten waren, sogar mit Waffengewalt befreit worden sein.

Kühl und lichtdurchflutet

Der Rundgang durch den Palast beginnt in dem schattigen Innenhof, der von Arkaden mit schönen Kreuzrippengewölben umgeben ist. Hier im Erdgeschoss lagen die Wirtschaftsräume, darunter die original eingerichtete Küche, in der die Speisen für alle Bewohner des Palastes einschließlich der Gefangenen zubereitet wurden.

Durch das imposante Treppenhaus steigen Sie nun auf in die Flucht der Privatgemächer des Inquisitors, die beim Umbau im frühen 18. Jh. entstanden. Besonders reizvoll ist die hohe Decke mit den alten Holzbalken und den Fresken, die die Wappen aller Inquisitoren Maltas zeigen. Die Vertreibung der Inquisition 1798 durch Napoleon führte dazu, dass einige Felder frei blieben.

Hinter verschlossenen Fassaden mit vergitterten Fenstern verbirgt sich der letzte erhaltene Inquisitorenpalast Europas. Ein Labyrinth von Zimmern und Treppenfluchten dokumentiert einen grausamen Aspekt der katholischen Kirchengeschichte.

Neben der schwarz-weißen Robe des Hausherrn ist eine Computeranimation interessant, die die Umbaumaßnahmen des Palastes zeigt. Ein kleinerer Raum diente als Privatkapelle der Inquisitoren, in der sie um Mut für ihre grausame Arbeit beteten. Andere Räume bewahren Mobiliar der Zeit, eine aufwendige Darstellung der Passion Christi sowie das Schlafzimmer des Inquisitors.

Im Namen des Herrn

Im dritten Geschoss beginnt die weniger appetitliche Seite des Besuchs. Ein Ausstellung mit übersetzten Originaldokumenten beweist, dass die Inquisition Maltas sich vor allem gegen die offenbar nicht geringe Zahl der muslimischen Malteser richtete. Andere wurden auch angeklagt, weil sie fluchten oder nicht regelmäßig die Messe besuchten. Durch eine schmale Stiege geht es vorbei am Raum der Wachen in den Gerichtssaal. Diesen betraten die Delinquenten durch eine Öffnung in der Wand, die so niedrig gehalten war, dass die ›Sünder‹ in gebeugter Haltung vor den Inquisitor treten mussten. So wie es sich gehört!

Beim Abstieg in den Zellentrakt wirft man schnell einen gequälten Blick in die Folterkammer und fragt sich, warum es so etwas heute immer noch gibt. Der Zellentrakt birgt nur drei Verliese, in denen drangvolle Enge herrschte. Zu Zeiten des Inquisitors Fabio Chigi waren sie derart überfüllt, dass Verurteilungen gar nicht mehr nötig waren.

ÜBRIGENS

Spüre die Macht! Besonders eindrucksvoll ist das **barocke Treppenhaus,** das allen Besuchern den hohen Rang des Inquisitors klar machen sollte. An der Decke prangt das Wappen der römischen Inquisition. Mittig dominiert das schwarzweiße Kreuz des Dominikanerordens, der die tragende Rolle bei der Inquisition spielte.

INFOS/ÖFFNUNGSZEITEN
Inquisitor's Palace **2**: Triq il-Mina il-Kbira, www.heritagemalta.mt, Di–So 9–17 Uhr, Eintritt 6 €, erm. 4,50 €; günstiger für Viel-Seher mit Malta Multi Site Pass ▶ S. 111

KULINARISCHES FÜR ZWISCHENDRIN
Am Misrah ir-Rebha (Victory Square) gibt's Snacks im einfachen **Café du Brazil** **1**. Das kleine Café am großen Hauptplatz ist ein alter Treffpunkt der

Einheimischen (tgl. 7–19 Uhr). Dort bekommt man nicht nur Drinks und frisch gepresste Säfte, sondern auch echte maltesische Hausmannskost, Ftira-Sandwiches und Kuchen. Probieren Sie mal die Imqaret mit Eis … extrem lecker! | €
Schön mit Hafenblick in der Seebrise isst man aber auch in den **Lokalen an der Waterfront,** gleich um die Ecke. Dort eben mit italo-maltesischer Küche und Fisch in den alten Palästen aus der Johanniterzeit.

Was für ein Blick … von der Vedette in L-Isla (Senglea) überschaut sie den gesamten Grand Harbour. Und muss nicht einmal mehr wachsam sein wie einst die Ritter.

bereits von den Normannen im 11. Jh. gegründet und feierte 1990 ihr 900-jähriges Bestehen. Im opulenten Inneren wird in einer Glasvitrine die Figur des hl. Laurentius verwahrt, die bei der Festa am 10. August durch die Straßen getragen wird. Das kleine Museum an der Seite zum Hauptplatz zeigt neben religiösen und kirchlichen Stücken auch das Kampfschwert und einen Hut von Großmeister La Valette.

Stille Gassen, alte Häuser

Reizvoll ist die am Hauptplatz beginnende **Triq Hilda Tabone** und die von ihr abzweigenden Gässchen. Hier lagen einst die ›Auberges‹ der verschiedenen Landsmannschaften des Ritterordens – Herbergen, in denen die Ritter zusammenlebten. In der Triq Santa Skolastika stößt man auf ein mächtiges Gebäude mit schmucklosen Mauern: In dem heutigen Kloster war einst die **Sacra Infermeria** **3** untergebracht, das erste Krankenhaus, das der Johanniterorden auf Malta errichtete. Von hier ist es nicht mehr weit bis zu den Befestigungsmauern an der Ostseite der Landzunge, mit toller Aussicht auf den Grand Harbour.

Pause mit Mastenblick

Am Kai zum Dockyard Creek, Xatt il-Forn oder **Birgu Waterfront** genannt, reihen sich rechts die Paläste aus der Zeit der Johanniter, links liegen die Pontons der Marina im Wasser. Einige Restaurants laden hier zur Pause mit Blick auf Yachten und den Ort L-Isla (Senglea) gegenüber.

Maltas Seefahrt

Maritime Museum **4**
Die alte Bäckerei der britischen Marine aus den 1840er-Jahren zeigt eine absolut interessante Ausstellung zur Seefahrtsgeschichte Maltas, von den Römern bis zum Zweiten Weltkrieg. Besonders sehenswert: die gesamte Technik eines Dampfschiffs von 1951, das in Originalgröße nachgebaute Kanonendeck einer Fregatte aus dem 18. Jh. und zahlreiche Schiffsmodelle aus der Ritterzeit.
Birgu Waterfront, T 21 66 00 52, www. heritagemalta.mt, war 2023 geschlossen

Die stolze Festung
Fort St. Angelo `5`
Die mächtige Festung ließ der Johanniterorden seit dem 16. Jh. anstelle einer
römisch-mittelalterlichen Burg errichten.
Von hier aus verteidigten sich die Ritter
in der Großen Belagerung von 1565
gegen den Angriff des osmanischen Sul-
tans. Unter den Briten diente St. Angelo
als Sitz ihres Flottenkommandanten im
Mittelmeer. Die Festung wurde bis 2016
umfassend renoviert, Infotafeln erzählen
die Geschichte der Bauten, darunter die
Großmeisterresidenz und die kleine Kapelle Sant' Anna, in der eine punisch-rö-
mische Säule verbaut ist.
Xatt l-Assedju l-Kbir 1565, www.heritagemalta.
mt, tgl. 10–18 Uhr, Eintritt 10 €

Toller Hafenblick in L-Isla (Senglea)
Vedette und Gardjola Garden `6`
Zu Fuß ist man gut 45 Min. nach L-Isla
unterwegs – schneller geht's mit den
Wassertaxis! Das alte **Senglea** ist ein
nettes, sehr untouristisches Städtchen.
Auf der Spitze der Landzunge – einst
eine Kanonenbastion – hat man einen
Hafenblick von fast 360 Grad – und
das meist ganz allein. Auf den Mauern
schwebt die **Vedette** (malt. Il-Gardjola),
ein Ausguckposten mit den Skulpturen
von zwei Augen und zwei Ohren an den
Wänden, die die stetige Wachsamkeit
der Ritter symbolisieren. Interessant ist
die Figur des Kranichs mit einem Stein
in den Krallen – lässt er ihn im Schlaf
fallen, wacht er sogleich wieder auf.

SCHLEMMEN, SHOPPEN, SCHLAFEN

 In fremden Betten

Mitten in L-Isla
Private Unterkünfte in Senglea (meist
große, schöne Studios mit Kitchenette
in alten Stadthäusern) sind in der Regel
sogar teurer als in Valletta. Dafür haben
sie viel Flair, sind ganz ruhig gelegen
›im Dorf‹. Und mit dem Wassertaxi
kommt man schnell nach Valletta. Zu
finden auf www.booking.com.

 Satt & glücklich

Speisen im Palasthof
Bebirgu `2`
Auch wenn die meisten die Terrasse
bevorzugen – im schattigen Innenhof
des Palazzo Huesca am Hauptplatz
speist man in herrschaftlichem Ambiente. Im Lokal des San Lawrenz Band Club
stehen unter einem Koch aus Sizilien
mediterrane Küche und Deserts auf der
Karte.
Misrah Ir-Rebha, T 77 22 00 77, fb.com/bebirgu,
tgl. 7–23 Uhr | €€

Für Schleckermäulchen
Sottozero `3`
Was hilft am besten gegen die Hitze
der Straßenschluchten? Na klar: ein Eis-
becher. In dieser ›Gelato Factory‹ wird
man mit echter Italo-Ware versorgt.
Dazu gibt's auch Kuchen, Schoko-Crois-
sants und sogar salzige Lunch-Snacks
und Rolls. Und das alles zu günstigen
Preisen, bis spät nachts!
95 Triq San Lawrenz, T 27 69 00 90, www.
sottozerofactory.com, tgl. 6–1 Uhr | €

Dinner with a View
Don Berto `4`
Die Balkonterrasse des Restaurants
überschaut den Yachthafen und L-Isla
– wunderbar! Die Küche bietet inter-
essantes aus aller Welt, auch kreative
Pasta-Kompositionen. Das lockt nicht
nur die Yachties aus der Marina hierher!
Birgu Waterfront, T 21 80 80 08,
fb.com/DonBertoMalta, Mo–Fr 12–15.30,
18.30–23, Sa 18–24, So 12–22 Uhr | €–€€

Am Senglea-Kai
Il-Hnejja `5`
Top-Lage vor der Yacht-Marina mit Blick
auf die Mauern von Fort St. Angelo.
Also ein echter Geheimtipp abseits
der Touristenströme. Serviert eine gute
mediterrane Küche mit viel Fisch (auch
Lobster), aber auch Snacks, Fleisch und
Pasta.
14 Triq ix-Xatt Azzopardo, T 79 60 35 64,
Di–Sa 10.30–15.30, 18.30–22.30 Uhr, So nur
mittags | €–€€€

Sport & Aktivitäten

Rundfahrt im Grand Harbour
Water Taxis ❶
Beim Kiosk vor der San Lawrenz-Kirche starten 40-minütige Rundfahrten im Grand Harbour bis zu den Docks, ganz stilecht in einem der traditionellen Daghajsa-Boote. Auch Überfahrten nach L'Isla/Senglea und Valletta.
Xatt il-Forn, beim Tor Porte de la Victoire

Rundfahrt an Land
Rolling Geeks ❷
Touren mit einer Art Golfer-Buggy mit Elektromotor. Ein GPS-System und ein Audioguide übernehmen die Führung. Die feste Tour bis Fort Rinella (▶ S. 38) dauert 2,5 Std. (90 €), möglich ist aber auch stundenweise Miete.
Birgu Waterfront, nahe Menqa-Hafen, www. rolling-geeks.com, letzte Tour ab 15.30 Uhr

INFOS UND TERMINE

Festa: Am 10. August San Lawrenz. Berühmt ist die ›gelaufene‹ Osterprozession (Ostersonntag ab 10 Uhr).
Birgu Fest: Mitte Oktober Umzug mit

kostümierten Ordensrittern sowie Musik (von klassisch bis modern). Info: fb.com/birgufest

IN DER UMGEBUNG

Der deutsche Großmeister
Am Ortseingang von **Zabbar** steht das **Hompesch Gate** (💶 N 10), das an den letzten deutschen Großmeister Ferdinand von Hompesch erinnert: Er war der letzte des Ordens auf Malta, denn in seiner Amtszeit wurde der Johanniterorden durch Napoleon von der Insel vertrieben. Sein Wappen tragen aber heute noch die Fahnen über dem Ort zur Zeit der Festa um den 8. September. Die Pfarrkirche **Madonna tal-Grazzja** ist für ihre prunkvolle Fassade bekannt; ein kleines Kirchenmuseum (So 9–12 Uhr) zeigt Exvotos und allerlei Gegenstände, die die Gemeinde vom Ritterorden erhielt.

Tarxien 💶 N 10

Die megalithischen Tempel von Tarxien, mitten im Häusermeer von Paola, markieren zugleich den Höhepunkt und das Ende der rätselhaften Epoche der maltesischen Tempelbauer.

Die drei großen, gut erhaltenen Tempel datieren zwischen 3200 bis 2800 v. Chr.; der mittlere Tempel war das letzte große architektonische Werk der Megalithkultur. Um 2500 v. Chr. erlosch die Zivilisation der Tempelbauer. Erst um 2000 v. Chr. besiedelten wieder bronzezeitliche Siedler den Archipel und nutzten Teile der Anlage zur Verbrennung ihrer Toten.

Eine Kirche der Großen Mutter
Es ist besser, die inzwischen von einem Zelt überdachte Anlage entgegen der vorgegebenen Laufrichtung zu besichtigen. Durch den **Haupteingang** aus drei Megalithen kommt man zu einem **Mittelgang**; die halbrunden Räume zu beiden Seiten dienten wohl als

Mit Spiralen verzierte Altäre und ein Steingefäß – die Einrichtung der Tarxien-Tempel ist erstaunlich gut erhalten.

Kapellen. Steinblöcke mit kunstvollen Spiralmustern dienten als **Altäre,** einer zeigt die Tiere, die in den Tempeln geopfert wurden. Rechts steht der untere Teil einer **Kolossalfigur,** die als »Magna Mater«, große Muttergöttin, interpretiert wird. Im **Opferaltar** links davon fand man noch das Opfermesser aus Obsidian, die Nische dahinter war mit Knochen von Opfertieren angefüllt. Im hinteren Bereich des ersten Tempels befindet sich wie in allen Tempeln das **Allerheiligste** im Scheitelpunkt, rechts führt ein Gang in den jüngsten **Mitteltempel.** Der erste Saal ist eingerichtet wie die Vorhöfe der Tempel, mit einer Feuerstelle und einem großen Wassergefäß. Eine erhöhte Schwelle bildet den Zugang zu den hinteren Bereichen – verziert mit Spiralen, die wie ein Augenpaar wirken.

In einem Seitenraum am Durchgang zum nächsten Tempel ist noch ein **Stierrelief** erhalten. Rechts ist zwischen den Mauern eine **Geheimtreppe** zu erkennen, die zum Allerheiligsten des Zentraltempels führte. Der folgende Saal hat eine Öffnung in der Mauer, die mit einer Außenkammer in Verbindung steht – bezeichnet als **Orakelloch,** durch das ein Priester die Gebete hören konnte.

Paola-Tarxien, Triq it-Templi Neolitici, www. heritagemalta.mt, tgl. 10–18, letzter Einlass 17.30 Uhr, Eintritt 6 €, erm. 4,50 €, 6–11 Jahre 3 €, Malta Multi Site Pass ▶ S. 111

Hypogäum von Hal Saflieni 🗺 M 10

Über einen Zeitraum von 700 Jahren haben die Tempelbauer ab 3200 v. Chr. mit einfachsten Werkzeugen einen unterirdischen Grabtempel geschaffen, der sich über drei Stockwerke und eine Fläche von 150 m² erstreckt.

Die zahlreichen Gebeine, die bei den Ausgrabungen gefunden wurden, beweisen, dass es sich um eine Grabhöhle handelte. Doch gleichzeitig wurde die

ÜBRIGENS

Achtung: Aus konservatorischen Gründen ist der Zugang zum Hypogäum stark limitiert, die Wartezeit beträgt fast immer zwei bis drei Monate. Die Tickets muss man daher sehr früh online kaufen. Resttickets bekommt man manchmal auch noch am Schalter für 50 €.

Anlage als Kultstätte und als Vorratskammer genutzt.

Die Unterwelt der Tempelbauer
Gleich im **Eingangsbereich** wird deutlich, dass die Tempelbauer das Hypogäum ähnlich gestalteten wie die oberirdischen Tempel. Auch hier bilden drei Megalithsteine das Eingangstor. Dahinter liegt wie bei den Tempeln eine Art Vorhof. Auch in der **Haupthalle** erkennt man wieder übliche Formen: Orthostaten, Fenstersteine, Seitenaltäre und ein Orakelloch. Der **Dekorierte Saal** verdankt seinen Namen den gemalten Spiralmotiven an den Wänden, die es wohl auch in den Tempeln gab.

In der **Schlangengrube** wurden die Figürchen der Schlafenden Priesterinnen entdeckt – sie praktizieren den in frühen Kulturen üblichen Tempelschlaf, der unter dem Einfluss von Drogen rauschhafte Träume garantierte, die anschließend gedeutet wurden. Auch die Wände des **Allerheiligsten** lassen ein exaktes Abbild einer Tempelfassade erkennen. Es war wohl für Tieropfer vorgesehen, wie der Opferstein vermuten lässt.

Zum Schutz der Vorräte, die in den **Speicherhöhlen** im dritten Stockwerk gelagert wurden, legten die Tempelbauer eine ausgeklügelte Treppe mit einer Fallgrube an. Daher ist dieser Bereich für Besucher gesperrt.

Paola, Triq ic-Cimiterju, www.heritagemalta.mt, Eintritt 35 € inkl. Audioguide, erm. 20 €, 6–11 Jahre 15 €, Kinder unter 6 Jahren haben keinen Zutritt; Last-Minute-Tickets 50 €

Superkanone und Militärmuseum – **Fort Rinella**

Was Männer nicht alles erfinden, um Krieg zu führen … eine Superkanone zum Beispiel, die über 6 Kilometer noch 40 Zentimeter dicke Stahlplatten zertrümmern konnte. Auf Malta blieb so ein Wunderwerk der Technik erhalten. Willkommen zum Blick in die viktorianische Militärgeschichte.

Das Mittelmeer ist britisch und bleibt britisch! So lautete die geopolitische Doktrin in London Mitte des 19. Jh. Malta war einer der Sprungsteine auf dem Seeweg nach Indien, den das Empire nicht verlieren durfte. Als dann Italien 1873 mit dem Bau modernster stahlgepanzerter Kriegsschiffe begann, war die Gefahr offensichtlich. Schließlich hatten die katholischen Malteser engere Bindungen an Italien als ans protestantische Britannien, die meisten sprachen Italienisch, viele wünschten sich auch den Anschluss an Rom.

Immer größer!

1878 begann der Bau der Rinella Battery, um die damals größte und modernste Kanone der Technikgeschichte zu installieren. Die 100-Ton-Armstrong-Gun sollte für 20 Jahre zu dem werden, was später die Atombombe war: Abschreckung total! Sie verschoss 450-mm-Granaten von über 1 m Länge, deren Einschlag absolut verheerend war. Hersteller war **Lord William George Armstrong** (1810–1900), der genialste Erfinder des 19. Jh. Er baute ab 1863 das erste Haus mit einer Stromversorgung aus Wasserkraft und sagte bereits damals das Ende des Kohlezeitalters voraus: der Hydroelektrik gehöre die Zukunft!

Roaring Thunder

Auch seine Monsterkanone wurde vollautomatisch hydraulisch geladen. Die 100 Kilo schweren Granaten hätte man manuell kaum in den Lauf bekommen. Eine Dampfmaschine erzeugte den

Nur viermal im Jahr waren **Übungsschüsse** erlaubt – und dann kontrollierte die Polizei, ob alle Fenster in der Umgebung geöffnet waren, um Entschädigungsleistungen zu vermeiden. Die Kosten waren überhaupt beträchtlich: 100 Pfund pro Schuss, das Monatssalär von 2400 Soldaten! Im Ernstfall musste sich die Kanone nie bewähren. Heutige Techniker sind der Meinung, dass das Rohr bei der geplanten Schussfolge alle 5 Minuten nach kurzer Zeit explodiert – oder die Festung zusammengebrochen wäre.

Druck, mit dem die Kanone zur Seite geschwenkt und vorne abgesenkt wurde, hydraulisch wurde aus den Bunkern die Munition eingeschoben. Als Treibsatz dienten 25 Kilo Schwarzpulver. Der Abschuss soll furchterregend gewesen sein, ein Geräusch wie Donner aus der Hölle.

Vom Schrott zum Museum

Bereits um 1900 war die Artillerietechnik jedoch so weit fortgeschritten, dass die Kanone außer Dienst gestellt wurde. Nach dem Weltkrieg vergaß man sie einfach. Erst 1991 begannen Freiwillige, das Fort zu säubern und zu renovieren. Nach nunmehr 25 Jahren ist die Kanone wieder drehbar und die Kasematten (fast) wieder im Originalzustand. Der Traum aber ist, die leider ausgebaute Hydraulikanlage zu rekonstruieren.

Was die Begeisterung von Freiwilligen nicht alles erreichen kann! Ab 12 Uhr finden Animationen in Originaluniformen statt, in denen das militärische Flaggenalphabet, der Bajonettkampf, Schusstechniken gezeigt oder eine (kleinere) Kanone gefeuert werden.

2015 wurde zudem ein **Museum** im Fort eröffnet, das mit Stücken aus aller Welt das Militärwesen des viktorianischen Zeitalters dokumentiert. Besonders interessant: auch das Elend der Soldaten, das Leid der Versehrten, die Grausamkeit des Kriegs wird nicht vergessen.

Ursprünglich besaß Malta ebenso wie Gibraltar sogar zwei dieser Superkanonen. Die in der Cambridge Battery in Sliema an der Triq Qui-si-Sana auf der anderen Seite Vallettas wurde 1956 zersägt und eingeschmolzen. An die Stelle des martialischen Relikts setzte man nun einen Hotelpool.

INFOS/ÖFFNUNGSZEITEN
Fort Rinella 1: Triq Santu Rokku, www.fortrinella.com, im Sommer Do–Sa 10–16.30 Uhr, im Winter nur Sa, Hauptvorführung ab 14 Uhr, Eintritt 14 €, erm. 12 €, unter 16 J. 7 €; Heritage Pass (▶ S. 24) 43 €

KULINARISCHES FÜR ZWISCHENDRIN
Das nächste Restaurant für eine Pause mit Buchtblick ist das **D Kalkara Regatta** 1 (www.dkalkararegatta.com) am Yachthafen im Kalkara Creek (20 Min. zu Fuß, Bus 3: Bighi)

Faltplan: N 9 | Bus: ab Valletta 3, ab Mater Dei 213, Stopp Fortizza

Sliema, San Giljan (St. Julians)

📖 Karte 3 auf dem Faltplan

Nördlich von Valletta, auf der anderen Seite des Masamxetto, breitet sich das größte Touristenzentrum Maltas aus. Über die 1890 noch fast unbebauten Hügel schwappt nun ein Häusermeer, das sich in den Wohntürmen auf der Tigné-Halbinsel bricht. Wer hier Urlaub macht, liebt es urban und lebendig, in San Giljan auch laut und wild.

··

WAS TUN IN SLIEMA UND SAN GILJAN
··

Sliemas lange Küste

Sliema, das ist eigentlich nur Küste: **Triq ix-Xatt (The Strand)** und **Triq it Torri (Tower Road)** … eine irre lange Uferpromenade, zur Stadt hin gesäumt von Restaurants, Bars, Shops und Hotels, auf der anderen Seite: das Meer und die Badefelsen. Auch einige der vornehmen Villen der britischen Oberschicht blieben erhalten und werden heute gentrifiziert. Allabendlich ist dies die lebendigste Flaniermeile Maltas. Von The Strand starten die Hafenrundfahrten (▶ S. 43), die Fähre von Valletta und andere Ausflugsboote. Die Tower Road ist benannt nach den Festungen **Fortizza** und dem **St. Julian's Tower,** zwei historischen Gemäuern, beide heute von Restaurants okkupiert.

Ein neues Viertel ist beim **Fort Tigné** auf der Landspitze entstanden. Rund um eine große Plaza mit modernem Shoppingzentrum stehen schicke Apartmenthäuser, am Ufer gibt es gute Restaurants mit tollem Valletta-Blick.

San Giljan rockt!

Jedenfalls im Ortsteil Paceville an der **St. George's Bay,** wo das Durchschnittsalter kaum 25 Jahre übersteigt. Nachts gibt es zwischen den Bars und Clubs kaum noch ein Durchkommen. Schick und edel geht es unterhalb vom **Portomaso Tower** zu, der mit 98 m Höhe das Hilton-Hotel mit Yachthafen und distinguierten Restaurants überragt. Und neue Türme sind im Bau!

Ganz malerisch, wenn sie denn nicht so *crowded* wäre, wirkt die **Spinola Bay.** Bunte Fischerboote dümpeln vor alten Häusern (heute Restaurants), etwas erhöht erinnert der **Spinola Palace** (heu-

Die Mädels waren shoppen … das kann man in Sliema gut. Aber psst, nicht den Eltern sagen, denn eigentlich sollen sie hier ja Englisch lernen.

DIE SCHÖNSTEN ECKEN

Sliema und San Giljan sind laut und britisch geprägt. So mancher fühlt sich an Hongkong (am Bay Street Centre) oder Singapur (an der Spinola Bay) erinnert. Dabei gibt es sie tatsächlich noch, die schönen Ecken. Fern der Ufer ist **Sliema** ganz anders: stille Gassen mit entzückenden, typisch maltesischen Häusern und Lädchen. Zum Beispiel, wenn man hoch zur Kirche **Stella Maris** und dann über die Triq il-Kbira schlendert. In **San Giljan** sitzt man mit Yachten-Blick am Hafen beim **Portomaso Tower,** sogar Sushi ist zu haben. Ziemlich hübsch ist es auch an der **Balluta Bay,** wo es selbst abends ruhig bleibt – Einheimische und Urlauber treffen sich zum Schnack vor der Jugendstilfassade des **Balluta Building** (1908, edwardianisch). Geradezu zauberhaft sitzt man dort im Restaurant **OKA's – The Villa,** einer Industriellenvilla der 1920er-Jahre.

---

te Restaurant) an den Bischof Spinola, der auch die steinernen Unterstände am Ufer (heute Restaurants) stiftete, wohl um die paar Dutzend barfüßigen, zerlumpten Fischer, die hier im 17. Jh. lebten, nicht beim Arbeiten zu sehen.

···

SCHLEMMEN, SHOPPEN, SCHLAFEN

···

 In fremden Betten

⌂ Das Antiquitätenwunder
Green Grove Guesthouse
Nett geführte Familienpension in einem alten Steinhaus nur wenig abseits von Paceville und doch ruhig. Wirt Sean hat ein Faible für antike Dinge, mit denen er die Lobby vollgehängt hat.
San Giljan, Tiq Id-Dris, T 21 37 05 84, www. greengrovemalta.com | €

⌂ Super Lage
ST Sliema Hotel
Zugegeben, das Frühstück ist erbärm-

lich. Aber die Zimmer sind ordentlich und geräumig. Ein echtes Plus aber: Die besten Restaurants, der Anleger der Valletta-Fähre und die Umsteige-Busstation Sliema Ferries sind nicht weit entfernt.
Sliema, 59 Triq ix-Xatt (The Strand), T 22 64 00 00, www.sthotelsmalta.com | €–€€

⌂ Very British
Windsor Hotel
In klassischer Eleganz eingerichtetes Mittelklasse-Hotel in einer Seitenstraße der Uferpromenade, mit Fitnessraum, Pool auf dem Dach und sogar Indoor-Pool.
Sliema, Triq Windsor, T 27 34 60 53, www. windsorhotelmalta.com | €€

⌂ Freier Blick aufs Meer
Preluna Hotel & Spa
Das beste unter den 1970er-Jahre-Hotels. Spektakulär ist die Aussicht zur Meerseite. Zimmer, Restaurant und die Lounge im 13. Stock sind wirklich hübsch. Zum Preluna gehört auch ein eigenes Spa mit Hydrotherapie.

Sliema, 124 Triq it-Torri (Tower Road), T 21 33 40 01, www.preluna.com | €€–€€€

....

🍴 Satt & glücklich

🍴 Romantisch versteckt
Peperoncino
Untergebracht in einem 300 Jahre alten Stadthaus an der Balluta Bay, bietet das Peperoncino italienische Küche in romantischem Ambiente. Einen Versuch wert ist die Entenbrust in Rotweinsauce mit Wacholderbeeren.
San Giljan, 8 Triq il-Bajja (Balluta Steps), T 21 38 88 72, www.peperoncino.com.mt, tgl. 18.30–23 (last orders 22.30), So auch 12–14.30 Uhr | €€

🍴 Für besondere Gelegenheiten
OKA's – The Villa
Die zauberhafte Villa eines Industri-ellen der 1920er-Jahre, umgewandelt in eines der schönsten Restaurants Maltas (direkt unterhalb des Hotels Le Meridien). Im kleinen Park und in den Art-déco-Sälen speist man eine kreative Mediterran-Küche nach jahreszeitlich wechselnden Speisekarten – immer frisch und natürlich auch etwas teurer.
San Giljan, Triq il-Kbira (Main Street), Balluta Bay, T 79 80 08 23, xaracollection.com, tgl. außer Do 12–16, 18–22 Uhr | €€–€€€

🍴 Urig und sehr beliebt
Ta' Kris
Das Restaurant in einer schmalen Gasse gegenüber dem Plaza Shopping Centre war früher eine Bäckerei – fast alles blieb erhalten. Atmosphäre und die Qualität der original-maltesischen Küche sind außergewöhnlich – also besser stets reservieren!
Sliema, 80 Triq Bisazza/Sqaq il-Fawwara, T 21 33 73 67, www.takrisrestaurant.com, tgl. 12.30–23 Uhr | €€

🍴 Echte maltesische Küche
La Maltija
Gemütliches, rustikal dekoriertes Res-taurant, das sich auf echte maltesische Küche spezialisiert hat. Allein schon die Namen sind es wert, z. B. Flett tal-Haruf,

Lammfilet nach Bauernart oder Għaġin biz-Zalza tat-Tewma, Ħabaq u Rkotta, Pasta mit maltesischer Tomatensauce. Da wird man doch neugierig, also: Reservierung empfohlen.
San Giljan, 1 Triq il-Knisja, T 21 35 96 02, www.lamaltija.com, tgl. ab 18 Uhr, im Winter auch So mittags | €€

🍴 Sommernächte auf dem Dach
Peppino's
Unter neuer Leitung setzt das Pepp no's in einem historischen Stadthaus an der Spinola Bay nun auf wechselnde Tageskarte je nach Marktlage. Von der Dachterrasse hat man einen tollen Blick über die quirlige Bucht. Und immerhin: Brad Pitt, Madonna und Jon Bon Jovi waren auch schon da.
San Gljan, Spinola Bay, 31 Triq San Gorg, T 21 37 32 00, fb.com/peppinos.malta, Restau-rant Mo–Sa ab 18.30, Weinbar tgl. 11–23.30 Uhr | €€–€€€

🍴 Über den Wellen
Barracuda
Super Lage auf einem Felssporn am Südende der Balluta Bay ... das groß-artige Ambiente und die italienisch-mal-tesische Küche haben auch für Brad Pitt gereicht, als er in Malta »Troia« drehte. Von der Seafood Platter von 1,2 kg für 2 (?) kann man nur begeistert sein (leider 70 €). Für die Balkone zum Meer hin sollte man tunlichst reservieren!
San Giljan, 194 Triq il-Kbira (Main Street), T 21 33 18 17, fb. com/BarracudaRestaurant, tgl. 18.30–22.30, So auch ab 12 Uhr, im Winter nur Fr–So | €€–€€€

....

🛍 Stöbern & entdecken

Kaum ein anderer Ort auf Malta wartet mit so vielen Läden auf wie Sliema. Vor allem an der Triq Bisazza, heute Fußgän-gerzone, reihen sich Boutiquen.

🛍 Shop till you drop
The Point Shopping Mall
Die größte Einkaufsmeile der Insel mit über 50 Geschäften, darunter Mode-labels aus Italien, England und USA.

Maltas Mauern – **eine Hafenrundfahrt**

So macht Besichtigung auch bei Hitze Spaß: Auf dem Schiff in der Sonne sitzen und den Fahrtwind genießen. Die Fahrt durch die zwei Naturhäfen von Valletta, die zu den größten weltweit zählen, erschließen ihre gewaltigen Ausmaße. Den besten Blick auf die mächtigen Befestigungen genießt man ohnehin vom Wasser aus.

5

Nördlich von Valletta, Richtung Sliema, liegt der Marsamxett-Hafen, südlich, Richtung Birgu der Grand Harbour. Von beiden Häfen zweigen insgesamt zehn Creeks ab, enge fjordähnliche Seitenbuchten. Früher waren sie vollgepackt mit Werften, den Docks, heute mit Yacht-Marinas.

Der Pesthafen – Marsamxetto

Die Fahrt beginnt im Sliema Creek, der größten Bucht des Marsamxett-Hafens. Erst wird **Fort Manoel** umrundet, das Großmeister Manoel de Vilhena 1726 finanzierte. Die Festung wurde bis zum Zweiten Weltkrieg genutzt, zuletzt um die im Lazzaretto Creek versteckten U-Boote der Briten zu schützen. Das leer stehende Fort wird nun restauriert, dort sollen auch Luxusapartments und Hotels entstehen. Links neben dem Fort erkennt man die verfallene Ruine des **Lazzaretto**,

Ü
ÜBRIGENS

… und hatten die Pest an Bord! Auf Malta kam das häufig vor. Im **Lazzaretto-Hospital** mussten daher seit 1643 alle Schiffsbesatzungen 40 Tage *(quaranta dies)* in Quarantäne verbringen. Erst wenn sich herausstellte, dass sie nicht starben, durften sie einreisen.

Leinen los zur Rundfahrt durch einen der größten Naturhäfen der Welt. Aber nicht alle Schiffe sind so schön wie dieses Segelboot.

ÜBRIGENS

Große Containerschiffe machen im Grand Harbour nicht mehr fest, seit zu Beginn der 1980er-Jahre der Malta Free Port bei Kalafrana gebaut wurde. Dennoch ist die Fahrt durch den **Industriehafen** interessant: Lagerhallen, Getreidesilos, Industriegebäude und alte Werften prägen das Bild. All das bildete einst das Rückgrat der maltesischen Wirtschaft. Auch wenn heute noch Schiffe und Yachten auf den Werften überholt werden, geht es hier im Vergleich zu früher deutlich ruhiger zu – die meisten Docks stehen jetzt leer.

Im Grand Harbour überragen die Werftkräne die Kirchtürme – manchmal wird sogar eine Bohrplattform überholt.

des alten Quarantänehospitals aus dem 18. Jh. Wegen dieser gefährlichen Nachbarschaft begann die Besiedlung am Marsamxett auch erst im 19. Jh. – vollzog sich dann aber sehr rasant, wie das Häusermeer rings um die Bucht ziemlich klar beweist.

Dann geht es in den **Msida Creek,** vorbei am stolzen Dreimastschoner Black Pearl (heute als Restaurant an Land geparkt, aber aktuell leider geschlossen) und dem Villenviertel **Ta' Xbiex.** Am Ende, hinter dem Yachthafen, grüßt die große Pfarrkirche von **Msida** mit ihrer schönen Barockfassade, erbaut aber auch erst Ende des 19. Jh. Nun rücken die mächtigen Mauern **Vallettas** immer mehr in den Blickpunkt, überragt von der hohen Kuppel der Karmeliterkirche und dem Spitzturm der anglikanischen St. Paul's Cathedral.

Die äußerste Spitze der Halbinsel dominiert das **Fort St. Elmo,** benannt nach dem Schutzheiligen der Seefahrer (▶ S. 17). Die Festung spielte noch im Zweiten Weltkrieg eine große Rolle bei der Abwehr italienischer Angriffe.

Werften und Engel – Grand Harbour

Vorbei an **Sacra Infermeria,** dem großen Krankenhaus des Ritterordens (▶ S. 24), erreicht man das **Siege Bell Memorial** auf einem Felsvorsprung, das an die Opfer Maltas im Weltkrieg erinnert. Unmittelbar dahinter erstrecken sich die **Lower Barracca Gardens** mit dem Denkmal für Sir Alexander Ball, dem ersten britischen Gouverneur der Insel.

Etwas weiter ragen die steilen Mauern der **Lascaris Bastion** auf. Hier war während des Zweiten Weltkriegs der Befehlsstand der Alliierten für die Invasion Italiens untergebracht (▶ S. 24). Bekrönt wird das Bollwerk von den Arkaden der **Upper Barracca Gardens.**

Frisch renoviert präsentiert sich die **Pinto Wharf** als Vallettas neue Waterfront mit dem Terminal der Kreuzfahrtschiffe. In den historischen Lagerhäusern sind heute schicke Restaurants einquartiert. Malteser und Urlauber haben hier eine beliebte Ausgehmeile gefunden.

Ein mächtiges Trockendock, das in den 1970er-Jahren mit Unterstützung aus China erbaut wurde, markiert den Eingang zum **French Creek.** Der Name der Bucht geht zurück auf Napoleon, der dort 1798 seine Schiffe vor Anker gehen ließ. Hinter dem Ort **L'Isla (Senglea),** über dessen Mauern der Aussichtsposten der Vedette thront, öffnet sich der **Dockyard Creek** zwischen L'Isla und Birgu (Vittoriosa).

Diese schönste Bucht des Hafens wird beherrscht durch die größte Festung der beiden Häfen, das **Fort St. Angelo** (▶ S. 35). Die grandiose Festung war der Hauptsitz der Johanniter bis zum Bau von Valletta und bis 1979 Sitz des Admirals der britischen Mittelmeerflotte.

Die letzte Bucht des Hafens ist der **Kalkara Creek.** Überragt wird sie vom **Bighi Hospital,** dem einstigen Militärkrankenhaus der britischen Marine, das Malta im Krimkrieg, vor allem aber im Ersten Weltkrieg während der Dardanellenschlacht, den Beinamen ›Nurse of the Mediterranean‹ eingebracht hat. Zu sehen ist noch der Aufzug, mit dem die Verwundeten ins Hospital gebracht wurden.

Den Abschluss der Fahrt markiert die Festung auf der äußersten östlichen Landzunge des Grand Harbour. Das **Fort Ricazoli** aus dem 17. Jh. steht am Gallows Point, wo einst der Galgen für die Hinrichtung von Piraten stand, und wird heute gern als Drehort für Hollywood-Filme genutzt; auch Szenen für »Game of Thrones« entstanden dort. Von hier geht es zurück in den Marsamxett-Hafen, wo man von den modernen Apartmenthäusern am **Tigné Point** begrüßt wird.

ÜBRIGENS

Wie bloß kommt der **Kreuzfahrtgigant** durch das Nadelöhr? Die Einfahrt dieser Riesenschiffe in den Grand Harbour ist ein spektakuläres Manöver! Zwei versetzte Wellenbrecher, gebaut zum Schutz vor italienischen Torpedos, sperren die Einfahrt komplett. Der Gigant muss mit einer scharfen Rechts-Links-Wendung durch die Schikane gefummelt werden. Atemberaubend! Aber keine Sorge, es ist noch immer gut gegangen. Der beste Aussichtspunkt: die Terrasse bei der Lower Barracca Bastion.

INFOS/ÖFFNUNGSZEITEN

Harbour Cruise: Alle Trips beginnen an The Strand (Triq ix-Xatt), der Uferstraße von Sliema, Abfahrt 10.30, 12.30 und 14.45 Uhr, Stoppover in Kalkara möglich. Ticket 20 €, 4–12 Jahre 14 €, www.captainmorgan.com.mt.
Besonders reizvoll ist die Fahrt mit einem kleinen Luzzu, einem traditionellen Fischerboot: www.luzzucruises.com, Abfahrten 10.30, 12.20, 14.30, 16 Uhr, 16 €, Kinder (4–11 J.) 13 €.

HAFEN-EVENTS

Zum **Freedom Day** (31. März) gibt es im Grand Harbour östlich von Valletta ein spektakuläres Rennen der traditionellen Dghajsa-Boote (sprich *daissa*), die im Stehen gerudert werden. Beim **Fireworks Festival** Ende April findet dort ein großartiges Feuerwerk statt. Zum **Great Siege Day** am 8. Sept. wird der Sieg über die Osmanen (1565) mit einer Ruderregatta gefeiert. Guter Aussichtspunkt: Lower Barracca Garden.

Faltplan: M/N 8/9 | **Zeit:** ca. 2 Std.

Auch die Buchhandelskette Agenda ist mit einer Filiale vertreten.

Sliema, Pjazza Tigné, www.thepointmalta.com

Hier kaufen die Jüngeren
Bay Street Centre
Freche Girlie-Mode, dazu Hard Rock Café, Kinos, Starbucks, Restaurants.

San Giljan, Triq Santu Wistin, www.baystreet.com.mt

🛈 Für Leseratten
Merlin Library
Englische Belletristik, viele Bücher über Malta.

Sliema, Triq Bisazza, neben Timberland Shop

....

☼ Wenn die Nacht beginnt

☼ Kino, Bowling
Eden Centre
Blockbuster in englischer Sprache, Bowlingbahn und Fitness Centre.

San Giljan, Triq Santu Wistin, T 23 71 04 00, www.edenleisure.com

☼ Der beste Sundowner
Paradise Exiles Bar
Eigentlich eine Beachbar beim St. Julian's Tower direkt am Meer (Exiles Lido). Aber dieser Sonnenuntergang! Spitzenklasse fürs Vorglühen.

San Giljan, Triq it-Torri, tgl. ab 10 Uhr, Programm für Live-Events auf fb.com/paradisexiles

☼ Karibik meets Malta
Café Cuba @ Spinola Bay
Am schönsten Platz der Bucht, karibische Lebensfreude. Es gibt alles über Frühstück, Tacos, Burger bis zu Ropa Vieja. Natürlich auch Che-Bilder und Reggae. Beliebt ist die Fiesta Cubana mit Menü (28 €).

Spinola Bay/Triq San Gorg, auf Facebook und www.cafecuba.com.mt, tgl. 9–23 Uhr | €

☼ Uriger geht's nicht
Plough'n Anchor
So muss ein englischer Pub sein: eine dunkle Höhle, angefüllt mit Flaschen und Erinnerungen, hier meist an die Seefahrt. Von der Decke baumelt eine Sammlung uralter Bierkrüge. Als Suppe gibt's ›Whiskey with ice cubes‹! Absolut sehenswert!

Sliema, 261 Triq it-Torri/Tower Road, T 21 33 47 25, fb.com/PloughAndAnchor, Di–So 16–1 Uhr

☼ Bond-Flair
Dragonara Casino
Der einstige Sommerpalast des Marquis Scicluna ist das erfolgreichste Casino Maltas. Slot-Maschinen, Poker, Roulette … James Bond lässt grüßen. Mindestalter ist 18 Jahre, daher Ausweis mitnehmen. Dress Code Smart Casual reicht. Mindesteinsatz 60 €.

Triq Dragunara, www.dragonaracasino.com, 24/7 geöffnet, Zutritt nur mit Ausweis

....

🌀 Sport & Aktivitäten

Lidos: Entlang der Felsküste zum offenen Meer gibt es etliche Lidos, die zu Musik und Snackküche Sonnenliegen bieten und oft auch einen Pool haben. Die Preise sind hoch, um 15 € Eintritt, dazu kommt noch der Verzehr.

🌀 Tauchen
Cresta Diving Centre
Cresta Quay, St. George's Bay, T 21 37 14 59, www.crestadivecentre.com

Dive Shack
14a Xatt ta' Qui-si-Sana, Sliema, T 21 32 05 94, www.divemalta.com

🌀 Wassersport
Sun & Fun
Verleih von Jet-Skis, Kanus, auch Parasailing und Comino-Ausflüge.

Corinthia Beach Resort, St. George's Bay, T 99 22 43 63, www.sunfunmalta.com

Neptunes Waterpolo Club
Das Meerwasser-Freibad des San Giljan Aquatic Sports Club in der Balluta Bay lädt tagsüber zum Schwimmen ein (bis 17.45 Uhr); abends kann man beim Wasserballtraining zusehen.

🌀 Inseltouren
Hop-on-Hop-off-Busse
Touren mit einem offenen Doppeldeckerbus: man kann man beliebig

BIS DIE WOLKEN LILA SIND

Volltreffer. **Paceville,** in San Giljan zwischen Spinola Bay und St. George's Bay gelegen, ist das Zentrum des Partyvolks. Insbesondere an den Sommerwochenenden, wenn Jugendliche aus ganz Europa hier zusammenkommen, ist nachts die Hölle los. Die meist ziemlich jungen Sprachschüler feiern dann bis frühmorgens; Nachtbusse fahren bis 4 Uhr. Das Zentrum ist die Paceville Piazza, der kleine Straßenplatz bei der Bar **Peppermint.** In Triq Dragunara und Triq il-Wilga liegen viele Bars und der **Club Chequers.** Geradeaus in der Triq San Gorg Richtung Bay Street reihen sich Strip-Lokale wie der **White Palace** und RnB-Clubs, als größter das **Havana,** aneinander**.**

aussteigen, auf den nächsten Bus warten und wieder einsteigen. Start bei Sliema Ferries.

Ix-Xatt Ta' Tigne, www.maltasightseeing.com, Audioguide auch in Deutsch

INFO'S UND TERMINE

Bus: Haupt- und Umsteigestationen in Sliema sind Sliema Ferries an Triq ix-Xatt (The Strand), bei San Giljan Pembroke Park & Ride. Infos: s. S. 112.
Valletta-Fähre: Ab The Strand alle 30 Min., www.vallettaferryservices.com.
Festa: 1. WE im Juli (Sacred Heart), WE nach dem 18. Aug. (Stella Maris), 1. WE im Sept. (St. Gregory), Anfang Okt. (St. Francis), 2. WE im Juli in Gzira, 3. WE im Juli in Msida, letztes WE im Aug. in San Giljan, 1. WE im Aug. in San Gwann.

IN DER UMGEBUNG

Spaßbad
Der **Splash & Fun Park** (🗺 L 7) nördlich in Bahar ic-Caghaq an der Küstenstraße ist eine Freizeitanlage mit Wellenbecken, Wasserrutschen, künstlichem Fluss und einem weitläufigen Kinderspielplatz.

www.splashandfunmalta.com, nur Juni bis Okt. tgl. 9.30–20 Uhr, Erw. 26 €, Kinder 17 €, Familien 75 €

Seelöwen-Shows
Der **Marine Park** nebenan bietet Shows mit Seelöwen und Delfinen. Ab 160 €/ Pers. kann man sogar mit Delfinen schwimmen. Tierschützer kritisieren das jedoch vehement.

www.marineparkmalta.com, Juli/Aug. tgl. 10–17 Uhr, sonst nur Mi–So, 10 € bei Webbuchung

Die Mitte und der Süden Maltas

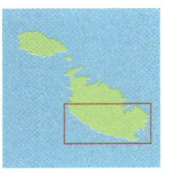

Vormittags gehen wir einkaufen, möglichst früh, bevor die Sonne zu heiß wird … das Boot steht jetzt am Kai, ich sollte es mal wieder neu bemalen, so wie mein Vater das jeden Winter getan hat. Aber vielleicht kaufe ich mir auch ein neues, modernes! – Im Süden Maltas reihen sich alte Städtchen dicht an dicht, hier erlebt man das traditionelle Malta: die schönsten Balkonhäuser, die urigsten Kneipen, im Zentrum steht stets eine prachtvolle Barockkirche. Mdina, die alte Hauptstadt, das Fischerdorf Marsaxlokk und die Tempel von Hagar Qim und Mnajdra aus der Tempelbauerkultur muss man gesehen haben.

Attard ⌕ K 9

So sehr sind das 11 000 Einwohner zählende Attard und seine Nachbargemeinden Lija und Balzan miteinander verschmolzen, dass man sie nur die ›Drei Dörfer‹ nennt. Fernab städtischen Trubels sind sie seit Langem bevorzugtes Wohngebiet gut betuchter Malteser. Einige der hübschen Villen in baumbestandenen Gärten wurden bereits im 18. Jh. errichtet.

Der schönste Park Maltas

Die **Sant' Anton Gardens** sind voller exotischer Bäume, darunter auch drei Sandarac-Bäume, die einst zur typischen Vegetation Maltas gehörten, jetzt aber sehr selten geworden sind. Angelegt hat dieses schöne Fleckchen schon Großmeister Antoine de Paule, der hier im 17. Jh. einen Landsitz errichten ließ. Der Palast diente später den britischen Gouverneuren als Residenz. Seit den 1970er-Jahren wird er vom Staatspräsidenten der Republik genutzt und ist nur von außen zu besichtigen.

Triq Lord Strickland, Bus 54 ab Valletta, tgl. 7–19 Uhr, Eintritt frei

Spaziergang durch Balzan und Lija

Die beiden schönsten Dörfer Maltas mit wunderbaren Häusern – tolle Fotomotive! Sie gehen östlich am Park vorbei (Triq Idmejda) und kommen so zum Kirchplatz von **Balzan,** dessen Kirche Annunzjata von vier weißen Heiligenfiguren flankiert wird. Bei der Polizei-Station hält man links durch die Triq it-Tliet Knejjes, an der, wie der Name sagt, drei kleine Kapellen aus dem Mittelalter liegen und auch ein Steinkreuz aus normannischer Zeit. Weiter geradeaus, dann links auf der Triq il-Wied Hal-Balzan bis zum großen Kreisel und wieder links in die Vjal it-Trasfigurazzjoni.
Damit ist man bereits in **Lija.** Dort ist es besonders schön im Juni, wenn die Oleanderallee in voller Blüte steht. Vorbei am **Lija Belvedere,** einem

Gartenpavillon der Großmeister, erreicht man die **Kirche Trasfigurazzjoni,** die im frühen 18. Jh. entstand, also eine der wenigen echten barocken Dorfkirchen Maltas ist. Dann wieder links und über die Triq Sant' Antnin zurück zum Park. Reine Gehzeit ca. 45 Min.

Maltas schönste Barockkirche?

Nördlich der lauten Durchgangsstraße schlendert man in **Birkirkara** (⌕ L 9, 2,5 km östlich, Bus 54) durch stille Gassen an typischen Malta-Häusern vorbei. Die **St. Helena Kirche** aus dem 18. Jh. ist eine der schönsten Barockkirchen des Landes. Für eine Pause unter Einheimischen bietet sich die Bar des Band Clubs Santa Liena an, in einer Seitengasse links hinter der Kirche.

 In fremden Betten

⌂ Verwöhnprogramm

Corinthia Palace Hotel & Spa
Eine klassizistische Villa ist der Kern des traditionsreichen 5-Sterne-Hotels direkt gegenüber den Sant' Anton Gardens. Eingebettet in eine großzügige Gartenanlage bietet es allen erdenklichen Komfort – bis hin zum hauseigenen Athenaeum Spa.

De Paule Avenue, T 21 44 03 01, www.corinthia.com | €€–€€€

 Satt & glücklich

⚫ Restaurant am Park

Melita Gardens
In einer hübschen Villa neben den Sant' Anton Gardens ein schick designtes Café im zeitgemäßen italienischen Stil mit kühl-schattigem Garten. Mittags modern kreierte Snacks und Backwaren, abends Restaurant.

Balzan, Triq Idmejda, T 21 47 06 63, Di–So 10–22 Uhr | €–€€

❶ Infos und Termine

Festa: 6. Aug. in Lija (tolles Feuerwerk), 15. Aug. in Attard, Anfang Juli in Balzan, am 3. So im Aug. in Birkirkara.

Mdina 🗺 J 9

Hoch über der Insel am Rande des Dingli-Plateaus thront die stolze, alte Hauptstadt Mdina. Ihren Beinamen Silent City darf man aber nicht wörtlich nehmen. Meist ist sie als Top-Ziel aller Touristen ziemlich überlaufen.

Schon die bronzezeitlichen Siedler nutzten die strategisch günstige Lage an der Abbruchkante des Dingli-Plateaus. Die Römer machten den Ort zur Inselhauptstadt Melite und begannen mit dem Bau einer ersten Stadtmauer, die auch weite Teile des heutigen Rabat umschloss. Als die Araber im 9. Jh. die Insel eroberten, teilten sie die antike Stadt. Aus dieser Zeit stammen auch die arabischen Namen: Rabat, ›vor den Toren der Stadt‹ und Mdina, ›von Mauern umgeben‹. Unter der Herrschaft von Normannen, Staufern und Spaniern erlebte Mdina ihre mittelalterliche Blütezeit. Damals wehrten die Einwohner einen Angriff der Osmanen heldenhaft ab. Der spanische

ÜBRIGENS

Seinen ganzen Charme entfaltet **Mdina zur blauen Stunde,** wenn alle fort und die Museen und Läden geschlossen sind. Etwa ab 18 Uhr wird Mdina wirklich zur ›stillen Stadt‹. Mit ein wenig Glück ist die Bank links am Ende der Befestigungsmauern am Bastion Square frei – ideal, um hier ein Picknick und ein Gläschen Wein zu genießen. Dieser Blick … von den Bastionen über Maltas Lichtermeer bis nach Valletta. Und auch ein Abendspaziergang durch die von alten Laternen beleuchteten Seitengassen könnte romantischer kaum sein.

König belohnte Mdina daraufhin mit dem Ehrentitel ›cittá notabile‹, die bemerkenswerte Stadt.
Als der Johanniterorden 1530 auf Malta eintraf, erkoren die Ritter zunächst Mdina zu ihrer Residenz, ließen sich

Ehrwürdige Paläste säumen den Weg durch Mdina … und überall derselbe gelbe Stein, der über 800 Jahre Geschichte erlebt hat.

MDINA UND RABAT

Sehenswert

1. Palazzo Vilhena
2. Corte Capitanale
3. Casa Inguanez
4. Our Lady of Mount Carmel
5. Bastion Square
6. St. Paul's Cathedral
7. Palazzo Falson
8. St. Paul's Church
9. Wignacourt Museum
10. Casa Bernard
11. Domus Romana

In fremden Betten

1. Casa Azzopardi

Satt & glücklich

1. Fontanella Tea Garden
2. Trattoria 1530 A.D.
3. Coogi's
4. Vince Bar
5. Ta' Doni
6. Bottegin Palazzo Xara
7. Palazzo Castelletti

Stöbern & entdecken

1. Mdina Glass
2. Valletta Glass
3. Sterling Jewellers
4. Henri's Gift Shop

5. Parruccan Confectionary
6. Silver Lace

Wenn die Nacht beginnt

1. L'Enoteca
2. Club Uno
3. Gianpula Village

Sport & Aktivitäten

1. The Mdina Experience
2. Medieval Times
3. The Knights of Malta
4. Mdina Dungeons

dann aber doch am Grand Harbour nahe ihrer Flotte nieder. Mdina blieb aber die Stadt des maltesischen Adels, der hier in überaus noblen, heute sehr stillen Palästen residierte.

WAS TUN IN MDINA?

Fenstersturz auf maltesisch

Am **Vilhena Gate**, dem Hauptor der Stadt erkennen manche etwas wieder. Richtig, es diente als Kulisse in einigen Folgen von »Game of Thrones«. Das Wappen erinnert an Großmeister Vilhena, der im 18. Jh. einen großen Stadtumbau stiftete. Zuvor mussten die Großmeister vor dem alten Tor dem maltesischen Adel geloben, deren Privilegien zu respektieren. Auf der Innenseite stellen drei Figuren den hl. Paulus als Schutzheiligen Maltas (Mitte), den hl. Publius, den ersten Bischof von Malta (links) und die hl. Agatha (rechts, ▶ S. 56) dar.

Rechts am Platz zeigt der **Palazzo Vilhena** 1, 1693 als Großmeisterresidenz erbaut, seine überaus prachtvolle Fassade. Heute ist darin ein Naturkunde-Museum untergebracht, in den Kellerverliesen schockt die **Mdina Dungeons Show** 4 kleine Kinder und Erwachsene ebenso.

Gegenüber steht der **Torre dello Standardo** auf römischen Fundamenten, heute ein Shop von **Mdina Glass** 1, früher ein Wacht- und Signalturm. Bei Feindsichtung entzündete man wie in den Ring-Filmen ein Feuer auf dem Dach.

Nun in die Gasse nach rechts. Sie endet mit der **Herold's Loggia** an der Stadtmauer, wo einst die Proklamationen der Università, dem Selbstverwaltungsgremium des maltesischen Adels, verlesen wurden. Der Bau zur Rechten war der **Corte Capitanale** 2, der Gerichtshof Maltas bis zur britischen Zeit. Aufgebrachte Bürger sollen dort, während der kurzen Besetzung Maltas durch Napoleon, den französischen Offizier vom Balkon gestürzt haben, nachdem er die Plünderung der Kirchen

und Klöster der Stadt befohlen hatte. Der Adelspalast gegenüber ist jetzt das Xara Palace Hotel: 5 Sterne und hübsch alt, aber doch sehr teuer.

Paläste in Reih' und Glied

Nun zurück und die nächste rechts in die Triq Villegaignon, die Hauptstraße Mdinas. Kirchen und Paläste säumen den Weg. Als erstes die **Casa Inguanez** 3, Stammsitz der ältesten Adelsfamilie. Bis heute besteht ein Privileg, das aus der Zeit der spanischen Herrschaft über Malta stammt: Die Monarchen Spaniens genießen ›ewiges‹ Wohnrecht in dem Anwesen. Beim Staatsbesuch 2009 bevorzugte Juan Carlos I. allerdings modernen Komfort im Grand Hotel Excelsior in Valletta.

Herrschaftliche Paläste stehen Spalier bis zum Cathedral Square, der von der prächtigen St. Paul's Cathedral dominiert wird. Hinter der Barockkirche **Our Lady of Mount Carmel** 4 schaut man ruhig mal im alten Kloster der Karmeliter (Old Priory) rein. Heute ist hier ein Museum untergebracht und außerdem ein ruhiges Café-Restaurant mit maltesischer Küche und ein guter Souvenirshop. Vorbei am Palazzo Falson (▶ S. 54) geht es dann zum **Bastion Square** 5, auch er gesäumt von Souvenirlädchen. Von der Bastion genießt man einen wunderbaren Ausblick über den Norden Maltas.

Großartiger Barock
St. Paul's Cathedral 6

Als 1693 die alte Bischofskirche durch ein Erdbeben zerstört wurde, waren die Planungen zum Bau der heutigen schon fertig. Die Paulus-Kathedrale entwarf Maltas führender Architekt des 17. Jh., Lorenzo Gafà. Typisch für seine Arbeiten sind die barocken, aber dennoch schlichten Fassaden.

Die Apsis im Inneren stammt noch aus der alten Kirche. In der Halbkuppel sieht man ein Gemälde von Mattia Preti, das den Schiffbruch des hl. Paulus auf Malta zeigt. Auch die mächtige Tür aus irischer Mooreiche, die man im Seitenschiff bewundern kann, hat das Erdbeben überstanden. Sie stammt nicht aus Malta, sondern wurde von den Normannen importiert. Gegenüber dem Seiteneingang liegt das **Cathedral Museum,** das mit einem Sammelsurium sakraler Kunst aus allen großen historischen Kirchen Maltas aufwartet – zumeist riesige Gemälde mit Heiligenszenen und Liturgie-Gerät. Wertvollster Besitz des Museums sind Kupferstiche und Holzschnitte von Albrecht Dürer.

Cathedral Square, www.metropolitanchapter. com, Mo–Sa 9.30–17 Uhr, letzter Einlass 30 Min. vor Schluss, Kombiticket mit Cathedral Museum (auch So 15–17 Uhr) 10 €

Zu Besuch beim Adel
Palazzo Falson

Die mittelalterliche Fassade des Stadtplastes schräg gegenüber der Karmeliterkirche 4 soll noch aus normannischer Zeit stammen. 1530 bezog hier der erste Großmeister auf Malta, Villiers de l'Isle-Adam, sein erstes Quartier. Das aufwendig restaurierte Haus ist heute als Museum zugänglich. Über den zauberhaften Innenhof erreicht man die verschiedenen Säle, in denen Gemälde, Waffen und Möbel aus dem 16. bis 18. Jh. ausgestellt sind.

Triq Villegaignon, T 21 45 45 12, www. palazzofalson.com, Di–So 10–17, letzter Einlass 16 Uhr, Eintritt 10 € inkl. Audioguide, auch deutsch

---

MALTA VIRTUELL ERLEBEN

Experience-Shows
The Mdina Experience ❶, 7 Triq Mesquita, Geschichte in der Stadt Mdina im Schnelldurchlauf, www. themdinaexperience.com.
Medieval Times ❷, Palazzo Costanzo, Leben und Alltag im Mittelalter, www.palazzocostanzo.com.
The Knights of Malta ❸, Triq il-Magazzini, die Ritterzeit auf Malta, www.theknightsofmalta.com.
Mdina Dungeons ❹, Vilhena Palace, Strafjustiz im Mittelalter, www.dungeonsmalta.com.

SCHLEMMEN UND SHOPPEN

 Satt & glücklich

Blick von der Bastion
Fontanella Tea Garden ❶
Das Café-Restaurant bietet tollen Ausblick von den heißbegehrten Tischen auf der Bastion und legendäre Kuchenspezialitäten oder gute Lunch-Küche.

Triq is-Sur, T 21 45 42 64, www. fontanellateagarden.com, tgl. 10–22, im Winter 10–18 Uhr | €

Küche mit Anspruch
Trattoria 1530 A.D. ❷
Stille Terrasse vor dem noblen Xara Palace Hotel (5*), das auch die Trattoria leitet. Einfache mediterrane Küche mit Pizzen, Burgern und Salat. Sehr schön ruhig und schattig, gut zum Draußensitzen.

Misrah il-Kunsill, T 21 45 05 60, www. xarapalace.com.mt, tgl. 12–22.30, keine Küche 15–18 Uhr, im Winter nur mittags | €

Nett und schattig
Coogi's ❸
Lauschiges Lokal in einem Traditionshaus am Platz bei der Bastion. Im hübschen Gartenhof sitzt man im Schatten, es gibt auch glutenfreie und vegetarische Gerichte – natürlich auch Pasta, Pizza, Burger. Gut für eine kleine Mittagspause.

Wesgha ta' Sant' Agata, T 21 45 99 87, www. coogis.co, tgl. ab 10.30, im Sommer bis 22 im Winter nur bis 15 Uhr und Mi geschl. | €

Stöbern & entdecken

Souvenirs
Shops entlang der Triq Villegaignon bieten billige Souvenirs, aber auch künstlerische Glaswaren bei **Mdina Glass** ❶ (Pjazza San Publju) bzw. **Valletta Glass** ❷ (Palazzo Costanzo) oder Silberschmuck mit typischen Malta-Motiven bei **Sterling Jewellers** ❸ (Triq Villegaignon).

Gar nicht typisch Malta, aber doch wunderschön sind die Objekte von Toms Drag bei **Henri's Gift Shop** 🏢 (Pjazza is-Sur/Bastion Square).

••
INFOS UND TERMINE
••

Tourist Information: Torre dello Standardo, gegenüber Vilhena-Palast, Mo–Fr 9–16, Sa, So 10–16 Uhr.
Busse: Ab Valletta Bus 51, 53 (Rabat), 52 auch bis Dingli; Stop für Mdina kurz hinter dem Saqqajja-Platz. Abfahrt nach Valletta direkt am Saqqajja. Ab Sliema und San Giljan Bus 202, ab Bugibba Bus 186, ab Mellieha mit Umsteigen in Bugibba. Bus 109 von Rabat weiter nach Siggiewi/Hagar Qim.
Mnarja-Festa: Große Party am 29. Juni: am Vorabend gibt es in den Buskett Gardens Volksmusik) und Feuerwerk, am Feiertag eine Messe in der Kathedrale und Pferderennen an der Straße nach nach Siggiewi.

Rabat 📖 H/J 9

Mdinas Vorstadt Rabat lag zur Zeit der Römer innerhalb der Mauern der antiken Stadt Melite. Bis zu den Katakomben – die antiken Gräberstollen und wichtigste Sehenswürdigkeit des Ortes – reichte damals die Stadtgrenze. Heute ist Rabat ein quirliges Städtchen mit rund 14 000 Einwohnern. Das ist auch ganz spannend: Vor allem vormittags und am Abend, wenn die Geschäfte offen haben, erleben Sie das Alltagsleben der Bewohner mit.

Vormittags nach Rabat!
Sie kommen vormittags in Mdina an? Dann erst nach Rabat. Denn nach 13 Uhr ist dort die große Mittagspause. Dann geht es durch die alten Gassen an Lädchen und Pastizzi-Bäckereien vorbei zur Paulus-Kirche, dahinter liegen die Katakombenanlagen (▸ S. 56). Dann kauft man bei Parruccan Confectionary

am Kirchplatz maltesisches Naschwerk und trinkt in der Vince Bar einen Cappuccino: göttlich! Über die Triq San Pawl geht es zurück nach Mdina bzw. zur Römischen Villa (▸ S. 58).

••
BESICHTIGUNGEN, DIE LOHNEN
••

Paulus im Kerker
St. Paul's Church 8
Eine großartige Fassade, fast so breit wie der ganze Platz! Die große Kirche aus dem 18. Jh. besteht eigentlich aus zweien. Hinter dem rechten Portal verbirgt sich die Kirche San Publju-Kirche. Dort wird eine Reliquie des Apostels Paulus in einem goldenen Arm verwahrt, im Untergeschoss ist die Grotte, in dem Paulus nach seiner Landung auf Melite eingekerkert gewesen sein soll. Zwei Statuen erinnern an den Apostel und seinen Begleiter, den hl. Lukas. Das Altarbild der Hauptkirche zeigt die berühmte Szene, wie der Apostel nach seinem Schiffbruch von einer Schlange gebissen wurde, aber nicht starb. Er ist ein Gott, riefen die Römer – und glaubten ihm alles. So konnte Paulus den römischen Statthalter Publius bekehren; er ernannte ihn sogleich auch zum ersten Bischof von Malta.
Pjazza San Pawl, Eingang jetzt über Wignacourt Museum, s. u.

Katakomben als Luftschutzbunker
Wignacourt Museum 9
In der von Großmeister Wignacourt gestifteten Ordensschule werden liturgische Bilder und Gerätschaften gezeigt. Im Untergeschoss geht's in die antiken Katakomben; sie wurden im Zweiten Weltkrieg zum Luftschutzkeller ausgebaut. Durch das Museum gelangt man in die Paulusgrotte unter der Kirche.
Triq il-Kulleg, www.wignacourtmuseum.com, tgl. 9.30–17, letzter Einlass 16 Uhr, Eintritt 6 € inkl. Audioguide

Besuch beim Adel
Casa Bernard 10
Hinter einer unscheinbaren Fassade verbirgt sich der liebevoll restaurierte und

6

Besuch der Totenwelt –
die Katakomben von
Rabat

Vor den Mauern der römischen Stadt Melite wurde in der Antike eine weitverzweigte Grabanlage unter der Erde angelegt. Im Laufe der Zeit wuchsen die Katakomben auf mehr als tausend Grabstätten auf jeder Seite der langen Gänge. Wer wagt sich in die Unterwelt?

Bereits die Phöniker und Punier bestatteten ihre Toten nicht in der Erde oder durch Verbrennen, sondern nach palästinischer Tradition in Felsgräbern. Wie die griechisch-römischen Sarkophage (übersetzt: ›Fleischfresser‹) zersetzten sie den Körper sehr rasch, zurück blieben nur die Gebeine. Während die Punier ihre Grabkammern noch entlang offener Gänge anlegten, höhlten die frühen Christen im 2. Jh. n. Chr. ein unterirdisches Labyrinth aus dem Kalkstein.

Die Verstorbenen wurden nicht in Särgen bestattet, sondern nach dem Vorbild Jesu in Leinentücher gehüllt. Anders als in Rom dienten die Katakomben als Zufluchtsstätte für die Märtyrerin Agatha, nach der eine Anlage benannt ist.

Den Toten zur liebenden Ehre

In den **St. Paul's Catacombs** 12, die mit der Paulusgrotte unter der Kirche und dem Wignacourt Museum in Verbindung stehen, führt die Treppe zunächst in einen Sakralraum, der als Kapelle diente. Überall an den Wänden befinden sich Wandnischen, die ursprünglich mit einer Steinplatte verschlossen waren. Diese sog. Loculi-Gräber dienten weniger wohlhabenden Familien zur Verwahrung der Gebeine, nachdem die Toten in oberirdischen Sarkophagen verwest waren – ganz so, wie es in Griechenland noch heute üblich ist.

Zwei runde, aus dem Stein gemeißelte Agape-Tische (von griechisch *agape,* Liebe) sind an drei Seiten von einer Liegebank umgeben. Dort hielten die Angehörigen zu Ehren der Verstorbenen das ›Liebesmahl‹ mit Brot, Fisch und Wein ab.

Ü
ÜBRIGENS

Vor allem in der frühchristlichen Zeit des 3. bis 5. Jh. wurden die Katakomben gegraben. Die Araber wollten mit der Totenwelt nichts zu tun haben, doch unter den Normannen wurden sie für kurze Zeit noch einmal genutzt. Als die Briten die Katakomben im 19. Jh. untersuchten, waren viele Gräber offen und leer. Vermutlich hatten bereits die Araber die Gebeine entsorgt, da sie sich vor Geistern fürchteten.

In den Gräbergalerien

Über lange Gänge erschließt sich die Gräbergalerie, in der man weitere Grabtypen erkennen kann. Die Baldachin-Gräber verdanken ihren Namen dem steinernen Baldachin, der sich über die Grablege wölbt. Diese besteht meist aus zwei nebeneinander liegenden Einzelgräbern mit Aussparung für den Kopf des Toten. Winzige Nischen entlang der Wände waren für Öllämpchen vorgesehen, die die Gänge spärlich beleuchteten.

Die aufwendigen Satteldach-Gräber mit einem aus dem Stein gearbeiteten Dach über der Grablege, konnten sich nur reiche Familien leisten. Im Arkosolium, einer Wandnische mit Bogenöffnung, fand die Mittelschicht ihre letzte Ruhe.

Agathas Keuschheit

Bis in die Johanniterzeit diente der Sakralraum der **St. Agatha Catacombs** 13 als Kirche und wurde mehrfach mit Fresken bemalt. Durchgängig wurde hier die hl. Agatha verehrt, die um 300 in den Katakomben Zuflucht gesucht hatte, um ihre Jungfräulichkeit zu retten. Um 1480 entstanden lebensgroße Szenen zur Vita der Heiligen, doch wurden die Gesichter beim Sarazenenangriff 1551 zerstört. Auch byzantinische und spätantike Malereien blieben erhalten. Das Museum zeigt u. a. viele Fundstücke aus den Katakomben.

Die Gesichter der hl. Agatha wurden allesamt von den Türken zerstört. An einigen Stellen lassen sich auch noch verblasste Inschriften über den Gräbern erkennen. Vermutlich war jedes Grab mit dem Namen der Familie versehen und mit religiösen Symbolen wie Fisch und Weintrauben geschmückt. Jüdische Motive wie die Menora, der siebenarmige Leuchter, belegen, dass auch Juden in den Katakomben bestattet wurden.

INFOS/ÖFFNUNGSZEITEN

St. Paul's Catacombs 12: Triq Sant' Agata, tgl. 10–18 Uhr, Eintritt 6 € inkl. Audioguide, erm. 4,50, 6–11 Jahre 3,50 €. Rabat Combo Ticket von Heritage Malta 19/13/7 €

St. Agatha Catacombs 13: Triq Sant' Agata, T 21 45 45 03, Führungen alle 30 Min. Mo–Fr 13–16.30, Sa 10–13 Uhr, 6 €

KULINARISCHES FÜR ZWISCHENDRIN

Die einfache **Vince Bar** 4 am Kirchplatz bietet landestypische Snacks und Drinks zur Erholung.

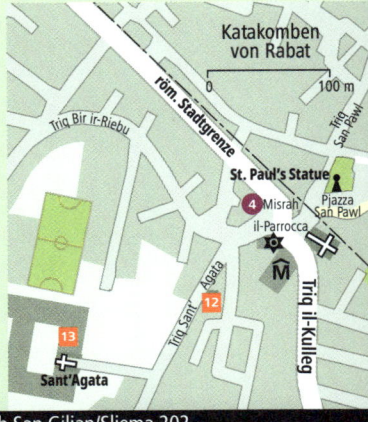

Faltplan: J 9 | **Bus:** ab Valletta 51, 52, 53, ab San Giljan/Sliema 202

![Bäckereiauslage]

Was soll ich bloß nehmen? Bei Parruccan am Kirchplatz von Rabat ist die Auswahl groß … und alles echt Malta. Authentischer geht es kaum.

eingerichtete Palazzo aus dem 16. Jh. Das ist schon ziemlich nobel! Der Hausherr selbst führt Besucher durch den Palast und vermittelt Einblicke in die Geschichte des Anwesens. Lohnend!

46 Triq San Pawl, T 79 44 43 73, www. casabernardmalta.com, Mo–Sa 10–16 Uhr, Führungen nach tel. Vereinb., 10 €

Römisches Leben
Domus Romana 11

Im 19. Jh. wurden hier die Fundamente eines römischen Stadthauses freigelegt, in den 1920er-Jahren rekonstruierte man diese weitläufige Villa. Im Eingangsbereich sind Fotos der Ausgrabungssituation zu sehen, u. a. von dem arabischen Friedhof, der im Hof des Hauses angelegt worden war.

In den Vitrinen beweisen römische Glas- und Trinkgefäße, Schreibgeräte, Haarnadeln, Kinderspielzeug, Öllämpchen und Theatermasken die damalige Zivilisation. Statuen zeigen Kaiser Claudius, seine Tochter Claudia Antonia und seinen Adoptivsohn Nero. Im Untergeschoss trifft man auf verschiedene Bodenmosaike, deren aufwendigstes sich in der Mitte des Peristyls befindet, dem von Säulen umgebenen Innenhof. Dessen Zentrum ziert eine Schale, auf deren Rand zwei Tauben sitzen – ein in der Römerzeit sehr populäres Motiv für die Liebe. E n Mosaikfragment zeigt einen Satyr, der von zwei Mänaden bestraft wird, die er sexuell belästigt hatte. Aus der Ferne wirkt die fein gestaltete Arbeit wie ein Gemälde.

Museum Esplanade, www.heritagemalta.mt, Di–So 9–17 Uhr, letzter Einlass 16.30 Uhr, Eintritt 6 €, erm. 4,50 €, Rabat Combo Ticket 1ς €

....

SCHLEMMEN, SHOPPEN, TANZEN
....

🏠 In fremden Betten

Historisches Flair
Casa Azzopardi

Das historische Haus liegt sehr günstig zwischen Mdina und Rabat, Parkplätze sind direkt um die Ecke. Außen ohne Pomp, aber innen eine zauberhaft romantische Einrichtung zwischen alt und modern.Große Zimmer, top Sanitärs, Frühstück gibt's im Lokal nebenan.

75 Triq San Pawl, T 79 26 36 14, www.casaazzopardi.com | €€

 Satt & glücklich

Malta-Flair
Ta' Doni ❺
Kleines, nett geführtes Lokal mit Tischen im Freien. Die Karte verzeichnet maltesische Snacks, Desserts und Kuchen, dazu hausgemachte Limonade (aus echten Limonen) und Granatapfelsaft. Besonders beliebt: die üppige Deli Platter mit maltesischen Antipasti für zwei.
73, Triq San Pawl, T 27 61 52 70, www.ilbitha.com/ta-doni, tgl. 8–22 Uhr | €

Versteckt im Garten
Bottegin Palazzo Xara ❻
Im 300 Jahre alten Barockpalast des L'Isle Adam Band Club hat ein schickes Bistro mit hübschem Garten (Secret Garden) geöffnet. Serviert wird eine günstige Lunch-Küche mit Burgern, maltesischen Ftira-Sandwiches und Salaten, aber auch italienischer Pasta.
Triq San Pawl, Ecke San Guzepp, T 21 45 45 38, www.bottegin.com.mt, tgl. 8–22 Uhr | €–€€

Vom Feinsten
Palazzo Castelletti ❼
Der große Adelspalast beherbergt heute das hochpreisige Restaurant San Andrea im fürstlichen Piano Nobile: italienisch-maltesische Küche ohne internationale Kulturverirrung. Danach geht's auf die Dachterrasse der Redwhite Bar mit wunderbarem Stadtblick bis Mdina. Da lohnt es sich inzwischen, auch in Rabat mal abends auszugehen.
62 Triq San Pawl, T 21 45 25 62, www.palazzocastelletti.com, tgl. ab 11.30 Uhr Lunch, Afternoon Tea und Dinner

 Stöbern & entdecken

Naschwerk
Parruccan Confectionary ❺
Maltesische Süßwaren, u. a. köstliche Honey Rings, Imqaret oder knochentrockene Mandelkekse.
Pjazza San Pawl, Mo–Sa 10–12, 14–19.30 Uhr

Silberschmuck
Silver Lace ❻
Schöne Filigranarbeiten aus Silber.
40 Triq San Pawl, Mo–Fr 10–18, Sa 10–12 Uhr

....

 Wenn die Nacht beginnt

Stimmungsvoll in Katakomen
L'Enoteca ✹
Ganz speziell: Man sitzt bei gutem Wein vor schönen Malta-Häusern oder unten im Keller in antiken Katakomben! Auch tolle Snack-Küche, freundliche Inhaber.
25 Triq Kataldu, Rabat, T 99 33 38 86, www.lenotecamalta.com, Mi–Mo 18–0 Uhr

Abtanzen al fresco
Seit dem Niedergang von San Giljan (St. Julians) feiern die maltesischen Twens jetzt lieber in Rabat – draußen und unter Palmen.
Club Uno ✹ im Ta' Qali National Park bringt Open-Air-DJ-Sessions, aber auch Live Acts, auch schon Paul Kalkbrenner (www.unomalta.com, fb.com/unomalta)
Das **Gianpula Village** ✹ an der Straße nach Siggiewi ist eine größere Anlage mit verschiedenen Clubs. Auch hier Live Acts aus der Elektro-Dance-Szene, neben maltesischen und italienischen DJs z. B. auch bereits Armin Van Buuren und David Guetta (www.gianpulavillage.com, fb.com/gianpulavillagemalta)
Die Clubs sind in der Regel von Ende Mai bis Mitte September Do/Fr–Sa ab 22 Uhr geöffnet.

....

INFOS UND TERMINE

....

Bus: siehe Mdina, ▶ S. 55.
Festa: am 1. WE im Juli San Pawl, weitere Festas 19. März, Mitte Juni, Anfang Juli, Anfang Sept., Ende Okt. und um den 8. Dez.

....

IN DER UMGEBUNG

....

Maltas Veranstaltungszentrum
Ta' Qali National Park 🗺 J 9
Der ›Nationalpark‹ 3 km von Mdina

Das Geheimnis der Karrenspuren – **Clapham Junction**

Maltas großes Rätsel! An vielen Stellen lassen sich auf den Ödlandflächen Maltas seltsame, parallel verlaufende Spuren entdecken. Geradezu wie auf einem Rangierbahnhof sieht es bei Clapham Junction aus. Stammen diese ›Schienen‹ von Schleifkarren der Menschen der Bronzezeit?

Am Anfang sehen Sie – nichts! Kahle Kalksteinfelsen soweit das Auge reicht. Doch bald entdeckt man nahezu parallel verlaufende Rillen, die mal flacher, mal tiefer in das Gestein reichen. Folgen Sie ihnen! Manchmal vollziehen sie eine Kurve oder kreuzen sich – wie bei einer Eisenbahnweiche. Kein Wunder, dass die Briten sich an den Rangierbahnhof von Clapham Junction im Süden Londons erinnert fühlten und das Areal nach ihm benannten.

Wer, wann, warum?

Wer war das? Zeitlich werden die Spuren zwischen 2000 und 1000 v. Chr. eingeordnet und damit den bronzezeitlichen Siedlern nach der maltesischen Megalithkultur zugesprochen. Sie sind besonders dicht in der Nähe ihrer Fliehburgen und werden an einigen Stellen von punischen Schachtgräbern des 1. Jt. v. Chr. durchbrochen.

Die Frage nach dem Zweck ist schwieriger. Viele sagen: Es sind Überreste eines Transportsystems. Demnach wurden mit Hilfe von Schleifkarren Lebensmittel und Steine (als Baumaterial) auf den ›Gleisen‹ bewegt – auf Malta heißen die Spuren daher *Cart Ruts*, Karrenrillen. Solche Karren aus zwei Holzbalken, dazwischen die Ladefläche, am unteren Ende mit Lederbändern fixierte Gleitsteine, waren zu der Zeit in ganz Europa verbreitet. Eine gute Erklärung, aber: Versuche haben gezeigt, dass so ein Karren gar nicht durch die Gleise gezogen werden kann! Von Menschen schon gar nicht, mit Zugtieren zerreißt es eher den Karren. Man braucht eine ebene Fläche. Um die Theorie

Wer fuhr auf diesen Gleisen? Um die ›Cart Ruts‹ Maltas ranken sich viele Spekulationen. Manche raunen sogar von Aliens. Aber das dürfte wie immer Wunschdenken sein.

zu retten, mag man sich aber vorstellen, dass die Eintiefungen erst später entstanden sind – durch natürliche Erosion, nachdem die Erde durch die Karren aufgerissen worden ist. Das würde zumindest auch erklären, warum so ein Gleiswirrwarr wie in Clapham Junction entstanden ist.

Die große Höhle

Sie halten auf dem Karrenfeld straks nach Süden und erreichen bald das Ziel des intensiven Lastverkehrs: die **Ghar il-Kbir** (Große Höhle). Diese große Senke, eine Karstdepression, war noch im 19. Jh. bewohnt (und ein romantisches Motiv damaliger Reiseführer), bis die Briten sie, entsetzt von den hygienischen Zuständen, räumen ließen. Allerdings wird sie auch in der Bronzezeit schon bewohnt gewesen sein. Die runde Verteidigungsmauer auf der Nordseite deutet jedenfalls darauf hin. Archäologische Untersuchungen stehen noch aus, aber für die damalige Kriegstechnik dürften die steilen Felswände durchaus genügend Schutz geboten haben.

Wer jetzt nicht zu seinem Auto zurück muss, geht weiter und kann auf einer Straße zwischen zwei Steinbrüchen die Dingli-Panorama-Straße erreichen. Dort wird der Malta-Stein (▶ S. 64) abgebaut; die Piste führt auf engem Felsgrat zwischen 30 m tiefen Gruben hindurch. Aufregend!

Natürliche Erosion?
Auch in den Dalmatinischen Kalkalpen Kroatiens findet man ähnliche Spuren, wenn auch keine parallelen. Sie werden ›Karren‹ (!) genannt und sehen denen auf Malta verblüffend ähnlich. Die Erklärung dort: Bildet Regenwasser in einer Vertiefung Pfützen über dem Kalkstein, löst es diesen; läuft es ab, entsteht aus der Rille über lange Zeit eine gerade, längliche Vertiefung im Fels.

INFOS/ÖFFNUNGSZEITEN

Clapham Junction: Frei zugänglich direkt südlich der Buskett Gardens (Busstopp Buskett). Erst den Abzweig nach Girgenti (ausgeschildert) nehmen, wenn nach wenigen Metern die Straße breiter wird (Parkmöglichkeit) führt zwischen Mauern ein Feldweg zu den Karrenspuren.

KULINARISCHES FÜR ZWISCHENDRIN

Kein Lokal auf dem Weg! 1,1 km weiter auf der Panorama-Straße jedoch das The Cliffs Interpretation Centre (s. S. 61).

Faltplan: H/J 10/11 | **Bus:** ab Valletta 52, 56, ab Rabat 201

Richtung Valletta umfasst das große Fußballstadium Maltas, eine Trabrennbahn, Messehallen, das Crafts Village (s. unten) und der Club Uno (s. S. 59). Anfang August findet in Ta' Qali das **Farsons Beer Festival** statt (www.farsonsbeerfestival.com).

Flugzeug-Veteranen
Malta Aviation Museum 📖 J 9
Wer sich für die Geschichte der Luftfahrt interessiert, sollte sich das Museum nicht entgehen lassen! Ausgestellt sind verschiedene liebevoll restaurierte historische Flugzeuge, unter ihnen auch solche, die man vom Meeresboden vor der Küste Maltas geborgen hat.
Ta' Qali, www.maltaaviationmuseum.com, Sommer Mo–Sa 9–17, So 9–13 (im Winter auch 17) Uhr, Eintritt 7 €, erm. 2–6 €

🏛 Kunsthandwerk
Ta' Qali Crafts Village 📖 J 9
Schmuck, Malerei einheimischer Künstler, Leder- und Töpferwaren auf dem Gelände des ehemaligen britischen Miltärflughafens. Alles weitläufig, hübsch und im alten Malta-Stil, sogar einige alte Baracken der Briten stehen noch. Bei Mdina Glass und Phoenician Glassblowers kann man Glasbläsern über die Schulter schauen.
Ta' Qali, Attard, Mo–Fr 9–16, Sa/So 9–12 Uhr

Der Wald der Johanniter
Buskett Gardens 📖 J 10
Auf dem fast baumlosen Malta ist Buskett eine echte kleine Oase. Das Wäldchen geht zurück auf den Johan-niterorden, der das Areal als Jagdrevier anlegen ließ. Als Jagdhaus entstand im 17. Jh. auch der **Verdala Palace,** der zwischen den Aleppokiefern hervorragt. Der Republik Malta diente er erst als Gästehaus, heute bildet er den Rahmen für Staatsbankette und ist daher nicht zugänglich.

Im **Buskett-Park** findet man Zitrusbäume (vor allem die maltesischen Bitterorangen), einige Exemplare des einst weit verbreiteten Olivenbaums, Araukarien, Steineichen und Zwergpalmen. Bis heute wird im Buskett das maltesische **Erntedankfest Mnarja** (29. Juni) gefeiert. Dann trifft man sich zu traditioneller Musik, natürlich darf auch das Kaninchenessen nicht fehlen. Den Abschluss bildet – natürlich – ein großes Feuerwerk.

Direkt hinter dem Park liegen die **Clapham Junction Cart Ruts,** das größte Schleifspurenfeld Maltas (▶ S. 60).

Siggiewi & Ghar Lapsi 📖 J/K 11

Auch an der Felsküste Südmaltas kann man schön baden – und ein erstaunliches Museum entdecken.

Versteckter Badepool
Von Siggiewi (sprich *sidschijewi*) mit dem **Limestone Heritage Park** (▶ S. 64) geht es an einem Steinbruch und einer Meerwasserentsalzungsanlage vorbei nach **Ghar Lapsi** (3,5 km, sprich

---

FREIER BLICK AUFS MITTELMEER

Von den Buskett Gardens aus geht man nur 1,5 km zu den höchsten Klippen der Insel Malta, den **Dingli Cliffs** (📖 H 10): Dort, wo die Klippen terrassenförmig zurücktreten, erlauben wasserspeichernde Tonschichten ihre landwirtschaftliche Nutzung. Ein herrlicher Kontrast: hier Klippen und Felder, dort das offene Meer – und darüber die weiße Kuppel einer Funküberwachungsstation der NATO. Infos zu Natur und Traditionen sowie Wanderpläne gibt's im **The Cliffs Interpretation Centre** mit Restaurant (www.thecliffs.com.mt, Juni bis Aug. tgl. 11–16, 19–22.30, sonst Mo–Fr 17.45–22.30, Sa/So 11–16, 17.45–22.30 Uhr | €

Nackte Felsen soweit das Auge reicht … und dazwischen ein Naturpool: Ghar Lapsi ist immer noch Fischerhafen, aber auch ein Geheimtipp der Malteser für einen Badetag mit der ganzen Familie.

aar-lapsi). Der Name bedeutet ›Höhle der Himmelfahrt‹. Noch heute bringen die Fischer ihre Gerätschaften in den alten Felshöhlen unter. Taucher und Schwimmer steigen von Felsplateaus in das herrlich klare Wasser.

Trittsichere Wanderer können von hier aus zu den Megalith-Tempeln von Mnajdra und Hagar Qim laufen. Als Orientierungshilfe dient der Wachtturm in der Ferne – ihn gilt es zu erreichen. Von dort sind es nur noch wenige Meter bis nach Mnajdra.

Kleine Wanderung ins Grüne

Über eine schmale Straße gelangt man von Siggiewi nach 2 km zum **Laferla Cross** (🗺 J 10/11). Das Kreuz markiert einen der höchsten Punkte der Insel (219 m) mit weitem Landschaftsblick. Gründonnerstag findet abends eine Fackelprozession ab Siggiewi statt.

⬤ Tyisch maltesisch
Lapsi View

Große Küche dürfen Sie nicht erwarten. Das Haus entstand irgendwann nach dem Krieg, der Gastraum erinnert fatal an eine Bahnhofsgaststätte. Mit

Osterbräuche: Die Fackelprozessi-on zum Laferla Cross ist auf Malta nicht der einzige besondere Brauch zum höchsten christlichen Fest. Bereits zu Palmsonntag werden die Kirchen prachtvoll geschmückt und mit Damast ausgehängt, *Last Supper Displays* stellen das Abendmahl mit lebensgroßen Figuren dar. Karfreitag gibt es in Zejtun, Mosta, Bormla und Xaghra Passionsspiele mit kostü-mierten Römern und Aposteln, die den Leidensweg Jesu nach Golgatha nachstellen (ab 9 Uhr). Ostersonn-tag wird dann die Auferstehung mit einer Prozession der Christusstatue gefeiert, in Birgu rennen die Träger dabei sogar.

Gesägt und geschliffen – **Maltas Stein im Limestone Heritage Park**

Malta ist gelb. Schmutzig-gelb bei Regen, strahlend-gelb bei Sonne. Meist also schön und seltener hässlich – aber immer derselbe Stein. Und das seit über 5000 Jahren. In einem alten Steinbruch bei Siggiewi lernt man, wie's gemacht wurde.

Maltas Farbe stammt vom Globigerinenkalkstein. Er entstand vor Jahrmillionen, als sich die Skelette winziger Meereslebewesen (Globigerinen) ablagerten und zusammengepresst wurden. Der Stein ist weicher und leichter zu bearbeiten als Holz, man kann ihn sägen, schnitzen und schleifen. Schon die Menschen der Megalithkultur schufen daraus ihre Tempel und verzierten Altäre.

Eine Industrie entwickelt sich

Der Limestone Heritage Park zeichnet die Entwicklung des Steinabbaus seit dem Mittelalter nach. Die Familie Baldacchino hat hier einen alten Steinbruch mit historischen Sammlerstücken und lebensgroßen Puppen zu einer Zeitreise durch die technische Entwicklung umgestaltet.

Es beginnt mit einigen Beispielen der megalithischen Skulpturwerke, doch kann man über die Abbautechniken jener Zeit nur spekulieren. Mangels Metallwerkzeug müssen die riesigen Tempelquader mit Faustkeilen und Tierhörnern ›freigeschabt‹ worden sein. Langwierig bestimmt, aber es ging auch.

Selbst im 17. Jh. war es noch äußerst mühsam, mit langen Stemmeisen und Keilen quadratische Blöcke abzuspalten. Für den Festungsbau der Johanniter und Briten wurden diese in wachsender Menge benötigt. Mit dem Aufkommen von Motorsägen, Förderbändern und Trucks seit den 1930er-Jahren steigerte sich die Abbauleistung sprunghaft. Immer mehr Steinbrüche frästen tiefe Löcher in die Landschaft.

Humanoide Technik – erleichtert das Leben, führt aber fast immer in die Katastrophe. Mit solchen Maschinen konnten in nur 50 Jahren gewaltige Löcher in die Landschaft Maltas gefräst werden. Aber der Mensch ist ja erfinderisch: Geschützt vor Wind und Sonne werden nun Zitrusbäume in diesen Löchern kultiviert.

Do it yourself im Zitronengarten

Viele stillgelegte ›Quarries‹ werden heute mit Zitronen- und Bitterorangenbäumen bepflanzt. Auch in Siggiewi wird ein Bereich so genutzt. Zur Erntezeit können Gruppen hier Limonade herstellen, für Gruppen gibt es auch Kurse im Steinschnitzen oder die Verkostung eines ›Farmer's Lunch‹ (mit Anmeldung).

Den Abschluss des Rundgangs bilden nachgebaute Teile der alten maltesischen Häuser, in denen alles bis hin zur Küche und den Schränken aus dem Malta-Stein gefertigt wurde. Interessant: Die Anbindeösen für Haustiere sind exakt dieselben wie schon in der Steinzeit.

ÜBRIGENS

Besonders schön zu sehen ist die **untermeerische Entstehung des Globigerinenkalks** in der Felsenbucht von Dwejra auf Gozo, wo sogar Muscheln und versteinerte Seesterne aus dem von Wind und Wetter geformten Stein herausragen.

Monumentale Kunst für den Heiligen

Zurück ins Dorf **Siggiewi** nimmt man die Triq il-Kbira, die alte Hauptstraße: Historische Wohnhäuser und ein großer Palast der Johanniterzeit reihen sich aneinander. Balkonträger, Portale, Balustraden: alles aus fein geschliffenem Stein.

Am Platz dann hoch zur Kirche San Nikola. Großartig, wie in der monumentalen Fassade die Details beim Näherkommen sichtbar werden: die Säulen, die Kapitelle, die Portalbögen, die Statuen der Heiligen: alles skulptiert aus Maltas Wunderstein.

INFOS/ÖFFNUNGSZEITEN

The Limestone Heritage 1: Triq Mons. M. Azzopardi, Siggiewi, T 21 46 49 37, www.limestoneheritage.com, Mo–Fr 9–16, Sa 9–12 Uhr (danach Events wie Hochzeiten etc.), Eintritt inkl. Audioguide 9 €, erm. 6 €, Kinder 3 €

ANFAHRT

Bus 62 hält am Dorfplatz von Siggiewi, 109/201 an der Umgehungsstraße 200 m vor dem Heritage Center (Station Saura). Achtung bei der Rückfahrt: Bus 109/201 hält nicht an der ausgewiesenen Busstation, sondern bei der Nikolaus-Statue am Dorfplatz.

KULINARISCHES FÜR ZWISCHENDRIN

Gut für eine Pause ist **Ferdinand's Bar 1**, rechts neben der Kirche (Triq San Nikola, T 99 34 75 86, tgl. 10–22 Uhr). Wirtin Claudine serviert bodenständige Dorfküche, z. B. leckere Hobs biz-Zejt.

Faltplan: K 10 | Bus: ab Valletta 62, ab Mdina/Rabat 109, 201

Bei so ruhiger See ist der Trip zur Blue Grotto fast ein bisschen langweilig. Passiert ja nichts! Ein bisschen mehr Wind und die Gischt spritzt übers Boot.

Retro-Charme wird hier bodenständige Malta-Küche *as it ever was* serviert, mit Pasta, Kaninchen und Fisch. Die Urenkel der Gründer haben vor einigen Jahren noch die Gäste bespielt, heute führen sie den Laden.
Ghar Lapsi, T 21 64 06 08, nur Mai bis Sept. Mo–Do 10.30– 17, Fr–So bis 22.30 | €

ℹ **Infos und Termine**
Bus: Nur im Sommer Bus 109 ab Rabat, Warda Interchange, Siggiewi und Zebbug.

Zurrieq ⧉ L 11

Weitab vom Schuss: Das Städtchen Zurrieq gehört zu jenen maltesischen Orten, die sich ihren alten Charakter bewahrt haben. Die Festa von Santa Katarina gilt als eine der besten von ganz Malta mit aufwendigem Feuerwerk.

Spaziergang durchs Dorf
Schlendern Sie ruhig mal durch Zurrieq (sprich *surrije'):* viele schöne Malta-Häuser und ein paar Pastizzi-Bäckereien oder einfache Bars. Die **Pfarrkirche**

Santa Katarina besitzt einen von Mattia Preti gestalteten Altar – jenem Maler, der auch das Deckengemälde in der Johannes-Kathedrale in Valletta geschaffen hat. Preti floh nach Zurrieq, als die Hafenregion von der Pest heimgesucht wurde. Am nördlichen Ortseingang steht eine komplett erhaltene Windmühle.

Kirchlein des Mittelalters
Die außerhalb, an der Straße nach Mqabba gelegene **Hal-Millieri-Kapelle** gilt als besterhaltenes Beispiel mittelalterlicher Sakralarchitektur auf Malta (nur 1. So im Monat 9–12 Uhr). Besonders eindrucksvoll sind die Fresken aus dem 15. Jh., die verschiedene Heilige zeigen, u. a. den Drachentöter Georg

ℹ **Infos und Termine**
Festa: 1. WE im Sept. Santa Katharina, 3. WE im Juli Karmeliter.

IN DER UMGEBUNG

Bootsfahrt ins Blaue
Jetzt wird es nett … und manchmal auch ein wenig nass. Am **Wied**

iz-Zurrieq (K 12) südlich an der Küste nimmt man das Bötchen zur **Blue Grotto.** Bei etwas stärkerem Wellengang spitzt die Gischt ins Dghajsa-Boot; tiefblau schimmert das Meer – am intensivsten vormittags bei tiefem Sonnenstand (um 10 €/Pers., ein Boot fasst acht Personen).

Das traditionsreiche **Congreve Channel Restaurant** in einem alten Fischerhaus serviert Malta-Küche zwischen Snacks, Burger, Pasta und ›horse meat‹ (fb.com/@CongreveChannel, tgl. bis 17 Uhr, Fr–So bis 23 Uhr | €–€€).

Westlich von Zurrieq liegen die großartigsten Megalithtempel Maltas, **Hagar Qim und Mnajdra** (▶ S. 68).

Marsaxlokk N/O 11

Zur Bucht der bunten Boote – nach Marsaxlokk will jeder hin. Honigfarbene Häuser, überragt von der Pfarrkirche – das malerischste Fischerdorf Maltas!

Wir gehen auf den Markt
Marsaxlokk (sprich *marsa-schlok*) soll die größte Flotte der traditionellen gelb-grün-rot-blau gestrichenen Dghajjes-Booten (sprich *daijes,* Ez. Dghajsa) besitzen. Selbst der nahe Schlot des Delimara-Kraftwerks und die Hafenanlagen von Kalafrana am Horizont tun der Romantik keinen allzu großen Abbruch. Mittags stürmen die Tagesausflügler die Fischrestaurants. Alles ist wirklich hübsch, aber die einzige Attraktion ist der große Markt direkt an der Uferpromenade (s. u.).

Und jetzt zum Baden!
Schöne Badeplätze gibt es auch, an der Ostküste der Delimara-Halbinsel! Alle sind aber nur per Auto oder zu Fuß zu erreichen (3,5–5 km, 45–60 Min. Fußweg). Der **Peter's Pool** ist eine kleine Felsenbucht und ideal für Klippenspringer. **Hofra iz-Zghira** hat flachere Felsen, ebenso **Il-Kalanka** ganz im Süden mit großen Salinenfeldern.

Im Sommer sind die Buchten allerdings ziemlich überlaufen.

🛏 In fremden Betten

🏠 Für Selbstversorger
Duncan Guesthouse
Die Pension nahe der Uferpromenade und der Kirche bietet große, gut ausgestattete Zimmer mit Kitchenette – da kann man sich auch mal einen Fisch vom Markt in die Pfanne hauen. Englisches Frühstück für 7 €; auf dem Dach gibt es eine Sonnenterrasse.
5 Triq Duncan, T 79 86 31 05, www. duncanguesthouse.com | € (mind. 5 Tage)

🍽 Satt & glücklich

🍽 Fisch, Fisch, Fisch
La Capanna
Gepflegtes Restaurant einer ansässigen Fischerfamilie. Die Karte verzeichnet ein erstaunlich großes Angebot an

Ü ÜBRIGENS

Luzzu und Dghajsa: Zu den Ikonen des Inselarchipels sind die bunt bemalten Fischerboote der Malteser geworden … eins der beliebtesten Fotomotive! Dghajsa (sprich *daissa*) heißen die kleineren, die gerudert werden, Luzzu die größeren. Besonders zahlreich liegen sie in der Bucht vor Marsaxlokk vor Anker, wo die meisten maltesischen Fischer zu Hause sind. Auf heidnische Traditionen geht das altägyptische Horus-Auge am Bug zurück, das die Fischer vor den Gefahren des Meeres schützen soll. Inzwischen haben die Malteser zwar Dieselmotoren angeschafft und die Segel der Luzzus eingemottet. Unverändert ist hingegen die Bauweise der bauchigen Boote, die auch bei schwerer See für große Stabilität sorgt.

Maltas Sonnentempel –
Hagar Qim und Mnajdra

Die spektakulärsten Tempel Maltas! Hagar Qim und Mnajdra liegen inmitten karger Felsland-schaft, in der es im Frühjahr herrlich blüht, ein-sam hoch über dem Meer, windumfächelt. Und: Die Tempel sind, wie Stonehenge, ein Sonnen-kalendarium – Tempel der Sonne.

Mit dem großen Tempel von Hagar Qim (sprich *adschar-'im*) erreichte die Megalithkultur Maltas zwischen 3000 und 2500 v. Chr. ihren kulturellen Höhepunkt. Die Mnajdra-Tempel sind etwas älter, entsprechen von der Bauform her auch dem übli-chen Schema aus zwei hintereinander gesetzten ovalen Steinkreisen. Doch sind beide Anlagen er-staunlich perfekt zur Sonne ausgerichtet.

Geniale Baumeister

Beide Tempelanlagen blieben durch ihre abge-legene Position ungestört durch Steinraub und Überbauung, beide zeigen die typischen Formen: Wände und Tore aus riesigen Steinen (Mega-lithen); ein Mittelgang, an dem beidseitig halb-runde Kulträume liegen; sog. Fenstersteine als Eingänge, die einst mit Tierfellen verhängt wer-den konnten; Altäre mit einem sehr aufwendigen Dekor aus zahllosen Bohrlöchern. Oft ist auch noch ein Gewölbeansatz aus Steinen erkennbar, sodass die Innenräume wohl überdacht waren, vermutlich mit Holzplanken.

In beiden Tempeln sind auch die Orakelnischen gut erhalten – dort konnten die Steinzeitmen-schen der im Tempel vermuteten Gottheit ihre Wünsche und Bitten vortragen, die Priester ant-worteten mit verzerrter Stimme: Religiösen Zir-kuszauber gab es also damals schon!

Feste der Sonne

Zur Interpretation der Tempel gab es seit den 1980er-Jahren viele Spekulationen. Erstaunlicher-weise bestätigte sich die esoterische Interpreta-

Das passt exakt. Die Mauern von Hagar Qim sind die eindrucksvolls-ten aller maltesischen Tempel, lückenlos aus Globigerinen-Kalkstein zusammengefügt. Vieles davon ist allerdings rekonstruiert. Die ver-witterten Riesenblöcke rechts vom Tor sind aber original, sie gaben der Anlage den heutigen Namen. Er bedeutet: Stehende Steine.

tion der Tempel als Kalendarium des Sonnen-standes. Beim (linken) Südtempel von Mnajdra erleuchten die ersten Sonnenstrahlen zur Tag- und Nachtgleiche im Frühling und Herbst das Allerheiligste, während zur Sommer- und Win-tersonnenwende die mit Bohrpunkten verzierten Seitenaltäre angestrahlt werden.

Vermutlich wurden diese Tage mit großen Festen begangen. Zwar wurden ähnliche Effekte inzwischen auch bei anderen Tempeln entdeckt, doch Mnajdra, freistehend über der Sonnenseite der Südostküste, war wohl am besten geeignet. Betrachtet man den Tempel von Hagar Qim mit seinen vier linken Erweiterungskapellen sowie dem Nordtempel und den beiden Priesterhäu-sern, könnte es sich um eine Kultstätte der ver-schiedenen ›Stämme‹ Maltas handeln, die dort zu den großen Sonnenfesten zusammenkamen.

Ü
ÜBRIGENS

Zugegeben, diese ›Stein-haufen‹ sind verwirrend! Die umfassende **Einfüh-rung im Besucherzen-trum** hilft aber schon: nicht verpassen! Eine sehr gute Online-Be-schreibung aller Details findet man auch unter www.globus4u.net/hagar-qim-tempelstaette/

INFOS/ÖFFNUNGSZEITEN
Hagar Qim, Mnajdra: www.maltaheritage.org, tgl. 10–18 Uhr, letzter Einlass 30 Min. vor Schließung, Ticket für beide 10 €, erm. 7,50 €, 6–11 Jahre 5,50 €; Malta Multisite Pass ▶ S. 111. Audioguide als App fürs Handy mit QR-Code ladbar.

KULINARISCHES FÜR ZWISCHENDRIN
Das **Restaurant** des Visitor Centre

serviert einfache Snacks und Getränke während der Öffnungszeiten.

WANDERN
Nach Hagar Qim/Mnajdra kann man auch wandern: von Siggiewi über eine Landstraße (ca. 1 Std.), von Ghar Lapsi über einen etwas abenteuerlichen Küstenpfad (ca. 45 Min.) und von Blue Grotto/Wied iz-Zurrieq über eine Straße (ca. 30 Min.).

Faltplan: K 11/12 | **Bus:** ab Valletta zum Flughafen oder Siggiewi, dann **Bus** 201

Fisch und Meeresfrüchten (grandios: die Shellfish Platter). Aber keine Sorge: es gibt auch Steaks und Pasta. Reelle Preise.

60 Xatt is-Sajjieda, T 21 65 77 55, auf Facebook und Insta, außer Mo u. Do 12.30–15.30, 19–22 Uhr, So nur mittags | €–€€

🍴 Echt Malta
Rising Sun Bar
Ob drinnen im kleinen Gastraum oder an den Tischen draußen mit Hafenblick, Einheimische lieben die authentischen maltesische Küche mit Hobz biz-Zejt (Thunfisch-Sandwich), Kuchen, Eis, Pasta und Fisch. Unbedingt probieren im Aug./Sept.: die Lampuki-Gerichte mit dem maltesischen Nationalfisch, der Goldmakrele.

3 Triq il Wilga, T 21 65 90 72, Di–So 9–17 Uhr, im Sommer Fr/Sa auch bis 22 Uhr

🍴 Innovativ und ambitioniert
Tartarun
Dass ambitionierte Küche inzwischen in Marsaxlokk kein Fremdwort mehr ist, beweist dieses ansprechende Lokal, z. B. mit Ribeye-Steak vom Kalb mit Senf-Salbei-Butter, getrüffeltem Karottenpüree und Wildpilzen. Aber auch die Vorspeisen sind bemerkenswert mit Carpaccio von Königsgarnelen oder die Pasta Tagliatelle Astice mit Languste in Sahnesauce. Hier kann man mal etwas feiern!

20 Xatt is-Sajjieda, T 21 65 80 89, www.tartarun.com, außer Mo und Do 12–15 und 19.30–22.30, So nur 12–15 Uhr | €€–€€€

🛍 Stöbern & entdecken

Auf dem **Marsaxlokk-Markt** gibt's viel zu finden: Klöppelarbeiten, Tischdecken, Strickpullis, Kulinaria wie Kapern, Thymianhonig, Likör aus Kaktusfeigen und türkischer Honig – allerdings nicht ganz billig – sowie allerlei Touristentand. Sonntagvormittag findet hier auch der Fischmarkt Maltas statt (anstatt in Valletta wie an den anderen Tagen). Dann strömen auch die Restaurantköche auf den Markt. Tgl. 9–15 Uhr, So nur Fisch.

ℹ Infos und Termine
Festa: Our Lady of Pompei am letzten WE im Juli.
Bus: Ab Valletta 81, 85; Linie 119 fährt ab Airport über Birzebbuga und M'Xlokk nach M'Skala und retour.

IN DER UMGEBUNG

Die älteste Höhle
In der 145 m langen Höhle von **Ghar Dalam** (⌂ N 11) stieß man bei Ausgrabungen im 19. Jh. auf zahlreiche Tierknochen von Rotwild, Flusspferden und Zwergelefanten. Während der Eiszeit muss also eine Landverbindung zum europäischen Festland bestanden haben. Zudem wurden in der Höhle Überreste der ersten menschlichen Besiedlung der Insel gefunden, ca. 7000 Jahre alt. Im kleinen Museum werden die erdgeschichtliche Entwicklung der Insel und die Entstehung der Höhle erläutert, auch ein Teil der Tierknochen sind zu bestaunen. Allerdings: der ›Zwergelefant‹ starb tatsächlich erst in den 1970er-Jahren als Jungtier im Tierpark Hagenbeck in Hamburg.

2 km vor Birzebbuga, Busse 80, 82, 85 halten vor dem Eingang, www.heritagemalta.mt, Di–Sa 9–17, letzter Einlass 16.30 Uhr, Eintritt 6,50 €

Marsaskala ⌂ O 10

Tourismus spielt hier keine große Rolle, aber der kleine Ort an einer schmalen Bucht ist als Wochenend-Sommerfrische sehr beliebt.

An der Bucht Flanieren
Entlang der Marsaskala-Bucht verläuft eine lange Promenade, auf der nördlichen (nachmittags schattigen) Seite gesäumt von Restaurants, bis hin zur Pfarrkirche Sant' Anna mit einem venezianischen Campanile – ein hübsches Bauzitat!
Hier kann man weitergehen bis zum **Zonqor Point** mit Salinen und einem kleinen Wachturm – dort ist nun ein großer Apartmentkomplex geplant.

Baden geht auch

Südlich umrundet man die Halbinsel mit dem San Tumas Tower der Ritterzeit und der modernen Ruine eines früheren Luxushotels bis zur **St. Thomas Bay** mit klarem Wasser und ein paar Lidos. Kleine Fischerkaten lassen erahnen, wie Malta vor dem Tourismus aussah. Ansonsten: Nett essen mit Blick auf die bunten Fischerboote in der Bucht!

....

 In fremden Betten

Über Seiten wie hotelscombined.com oder airbnb.de kann man Apartments in großer Auswahl buchen.

Party am Meer
Sensi Hotel

Das Hotel an der St. Thomas Bay hat seine besten Jahre evtl. hinter sich, die Lage aber nicht. Die Zimmer sind renoviert, die Lobby sogar hip und bunt dekoriert. Wer den Pool zu langweilig findet, geht ins Sensi Lido am Meer, dessen Bar auch nachts oft noch belebt ist. Und überhaupt: Night-swimming ist immer angesagt, wenn man jung ist.
St. Thomas Bay, Triq Il-Qaliet, T 21 63 69 95, auf booking.com | DZ/F €€

....

 Satt & glücklich

Sehr britisch
Coxwain's Cabin

Ein Treff von britischen Expats für britische Expats! Günstige Pubgrub-Küche, englisches Frühstück und oft Lammhaxe mit veg & mash. Die Gäste sind zumeist, wie die Wirtin selbst, ältere Semester, die aber auch ganz lustig sein können.
14 Triq Marina, T 99 89 97 23, tgl. 11–23 Uhr | €

Scharfe Exotik
Roti Indian Cuisine

Mal ganz anders als mediterran: Die Küche von Roti bringt das volle Programm der indischen Küche zwischen Tandoori (eher mild) und Vindaloo (scharf). Man kann sich den Schärfegrad aber auch wünschen! Und als Desert: authentisches Kulfi-Eis mit Rosenwasser!
Triq Sant Antnin, Triq ix-Xatt, T 27 99 22 26, www.roti.mt, Mi–So 12–14.30, 18–22.30, Di nur abends | €

Essen mit Meerblick
Kyle's Kitchen Zonqor Point

Von Wraps (um 8 €) über Burger bis zu Fisch und Steak (um 30 €) ist hier alles zu haben. Und das in moderner Atmosphäre außerhalb am Kap Zonqor Point. Herrlicher Blick auf das Meer, schöner Garten zum Draußensitzen.
1 Triq Ghar ix-Xama, T 21 63 25 40, Di–So 18–22, Sa/So auch 12– 15 Uhr | €€

Jamaica-Feeling
Zion Reggae Bar

Ein lockerer Strand-Hangout vor dem Fischerkai in der St. Thomas Bay. Chillige Loungemusik und preiswerte karibisch angehauchte Snackküche, hübsch z. B. der Jamaican Burger oder die Pork Ribs. Abends oft Events von Reggae-Partys über Yoga-Kurse bis zu Auftritten von Underground-Bands.
St. Thomas Bay, T 79 66 66 41, www.zionmalta. com, tgl 12 Uhr bis ca. Mitternacht

Infos und Termine
Festa: Ende Juli Sant' Anna.
Bus: Ab Valletta Linien 91, 92

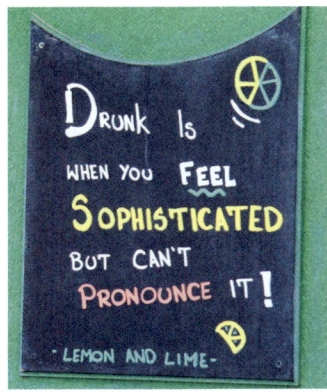

Maltesischer oder britischer Humor? Unentscheidbar, denn bei britischen Expats ist Marsaskala ziemlich beliebt.

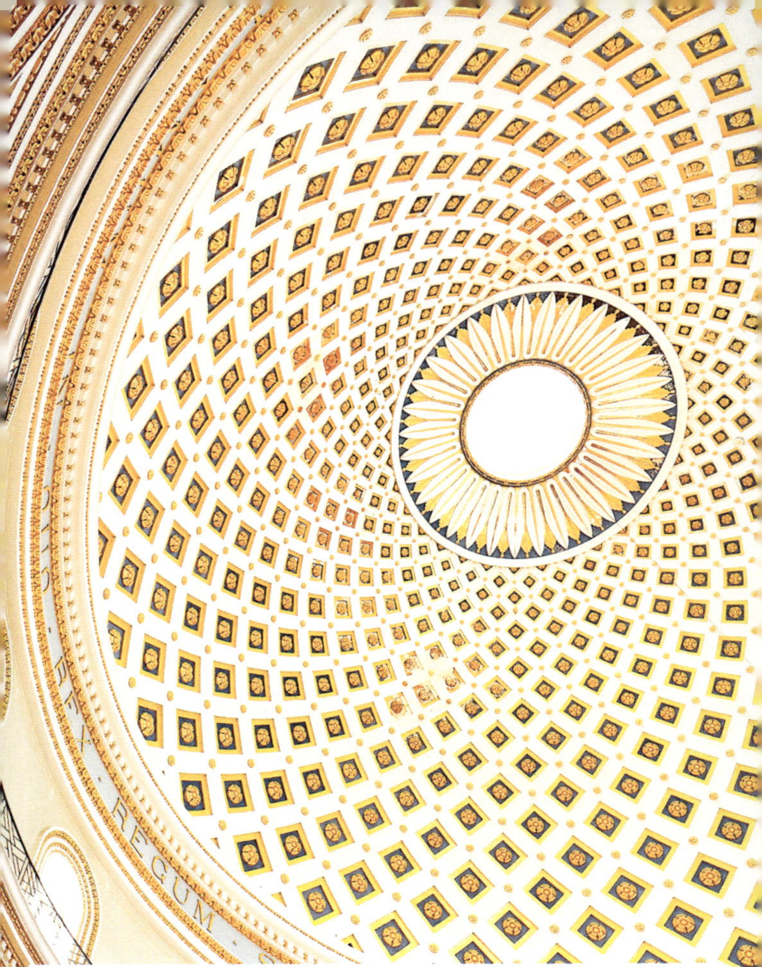

Der Norden Maltas

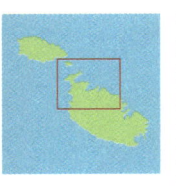

Was für ein Blick … die Rotunda Santa Marija in Mosta wird von einer der größten und schönsten Kirchenkuppeln Europas überwölbt. Das Städtchen Mosta ist das Tor in den Norden Maltas, der historisch stets viel weniger besiedelt war als der Süden. Fünf parallele Höhenrücken akzentuieren die Region, die Zwischentäler enden stets in tiefen Buchten und oft auch schönen Stränden wie der Golden Bay. Fürs ›Beachen‹ ist der Norden mit den Küstenorten Bugibba/Qawra und Mellieha daher am besten geeignet. Aber auch wandern kann man in dieser noch sehr ländlichen Region ganz wunderbar.

Mosta J/K 8

Wahrzeichen und Hauptattraktion des belebten Städtchens (20.000 Einw.) ist die gigantische, weithin sichtbare Kuppel der Kirche St. Marija Assunta. Es handle sich um die viertgrößte Kuppel der Welt, versichern die Einwohner.

Unter der Rotunda-Kuppel

Der großartige Bau der **Rotunda St. Marija Assunta** wurde im 19. Jh. gebaut, wobei das Pantheon in Rom als Vorbild diente. Das ganze Dorf baute mit oder spendete Geld. Da das Geld aber knapp war, soll man beim Bau auf ein Gerüst verzichtet haben. Den atemberaubenden Innenraum unter der 60 m hohen Kuppel dominieren die Farben Blau, Weiß und Gold; 39 m misst das Gewölbe im Durchmesser. Im Zweiten Weltkrieg durchschlug während eines Gottesdienstes eine Bombe die Kuppel und knallte in die voll besetzte Kirche – explodierte aber nicht. In der Sakristei erinnert eine Replik der Bombe an dieses ›Wunder von Mosta‹.
www.mostachurch.com, Mo–Fr 9.30–18, Sa nur bis 16, so nur ab 12 Uhr, Eintritt 5 €

....

🍴 Satt & glücklich

🍴 Folkloreabende
Ta' Marija
Viel gelobte maltesische Gerichte mit Fenkata, Timpana und Imqaret bei maltesischer Folklore, dazu Shows Fr abends (im Sommer auch Mi) mit Tanzgruppen und Tasting Menu für 60 €.
Triq il-Konstituzzjoni, T 21 43 44 44, www tamarija.com, Di–So ab 11.30 u. 18 Uhr | €€

🍴 Mit Charme
Lord Nelson
Das Restaurant in einem alten Stadthaus bietet den Rahmen für interessan-

Wenn die Nacht beginnt, sitzen die einen im Restaurant, die anderen gönnen sich erstmal ein Eis. Später sind dann die einen im Bett und für die anderen fängt die Party an.

te Fusion-Küche – von marokkanischem Lamm bis hin zum Lachs an Spinat. Für den romantischen Balkon für zwei mit Rotunda-Blick muss man reservieren! 278 Triq il-Kbira, T 21 43 25 90, www. thelordnelsonrestaurant.com, außer August Mo–Sa ab 18.30 Uhr | €€

❶ **Infos und Termine**
Festa: am 15. Aug. in Mosta, am 24. Aug. (oder am So danach) in Gharghur und am 8. Sept. in Naxxar. Bekannt ist Mosta auch für seine schöne Karfreitagsprozession.

IN DER UMGEBUNG

An den Victoria Lines
Richtung St. Paul's Bay senkt sich Maltas Landschaft über eine geologische Bruchstufe. Hier bauten die Briten im späten 19. Jh. die Befestigungen der ›Victoria Lines‹ mit drei großen Forts: **Madliena Fort** (⛶ L 7), **Mosta Fort** (⛶ J/K 8) und **Bingemma Fort** (⛶ G 8) – um die drei Pass-Straßen zu schützen. Gebraucht wurden sie aber nie. Heute lästern manche Historiker, die Victoria Lines seien nur angelegt worden, damit den britischen Soldaten nicht langweilig werden konnte.
In die Steilfelsen schlugen die antiken Malteser die **Ta' Bistra Catacombs**, größte bekannte Gräberstätte des frühen 1. Jahrtausends außerhalb von Rabat. Die Anlage ist mit einem Infozentrum zugänglich gemacht und überdacht. In Zahlen: 57 Gräber in 16 Kammern auf 90 m Länge. Triq F. N. Tagliaferro, T 21 42 13 81, www. heritagemalta.mt, Bus Gharusa oder Bistra, nur letzter So im Monat 10–16 Uhr, Eintritt 5 €

Naxxar und Gharghur
Der pittoreske Nachbarort **Naxxar** (⛶ K 8, sprich *naschar)* wartet mit einem besonderen Juwel auf, dem Palazzo Parisio (▶ S. 76). Das traditionelle Dorf **Gharghur** (ca. 3 km nordöstlich, sprich *ahr-uhr)* hat eine großartige Barockkirche. Sehr eindrucksvoll ist die Prozession am Karfreitag.

Bugibba, Qawra, St. Paul's Bay ⛶ J 6

Besonders hübsch oder gar romantisch sind Bugibba und Qawra wirklich nicht. Beide entstanden seit den 1970er-Jahren als Retortenstädte der Tourismusindustrie neben dem alten Fischerstädtchen San Pawl il-Bahar (St. Paul's Bay).

Zwischen Kastenhotels und Touristenshops in **Bugibba** (sprich *budschibba)* geben überwiegend Briten den Ton an, der erste Eindruck ist billig, laut, eng und voll. Wer Ruhe sucht, wird hier sicher nicht sehr glücklich. Andererseits sind die Luxushotels von **Qawra** (sprich *'aura)* nicht schlecht und die schönsten Strände Maltas liegen nur eine kurze Busfahrt entfernt. Und der wenig besiedelte Inselnorden bietet überdies reizvolle Möglichkeiten für Ausflüge und zum Wandern.

WAS TUN IN BUGIBBA?

Spaß auf und am Wasser
Klar, erstmal geht es vor allem um *Sun and Fun*! In die Lidos vor den Badefelsen zum Sonnen und Baden, Ausflüge nach Comino oder Gozo, etwas abenteuerlicher auch Tauchkurse oder Touren zu den St. Paul's Islands (wo der Apostel gestrandet sein soll) oder zur Mistra Bay mit dem Boot.

Meeresgetier und alte Autos
Die Palmenpromenade an der Qawra-Küste führt zum **Malta National Aquarium** (Triq it-Trunciera, www. aquarium.com.mt, Mo–Sa 10–20 Uhr, Tickets 15,90 €, erm. 10 €). Dort führt ein gläserner Gang durch das Hauptbecken, durch das auch Haie gleiten. Das **Malta Classic Car Museum** (Triq it-Turisti, www.classiccarsmalta.com, Mo–Fr 9–17, Sa/So/Fei bis 14 Uhr, 10 €, Kinder 4,50 €) zeigt eine eindrucksvolle Sammlung von tollen Oldtimern.

10

Klein-Versailles –
Palazzo Parisio in Naxxar

Ziemlich hübsche Paläste mit gediegener historischer Einrichtung – die nennen alle Adelsfamilien Maltas ihr Eigen. Der Palazzo Parisio jedoch ist von allen der grandioseste. Der Beiname ›Versailles en miniature‹ könnte passender nicht sein. Also hereinspaziert – und freuen Sie sich auf den Cappuccino auf der Gartenterrasse.

Großmeister Manoel de Vilhena gründete den Palast 1733 als Jagdschloss, aus dieser Zeit stammen aber nur noch einige Gartenelemente. Bauherr des heutigen Palazzos war die Adelsfamilie Parisio. 1898 kaufte der adelige Bankier **Giuseppe Scicluna** das Anwesen und ließ den Palazzo bis 1906 für unglaublich viel Geld im Stil einer italienischen Renaissancevilla umbauen. Die besten Handwerker aus Italien und teuersten Materialien aus der ganzen Welt mussten es sein. Doch nur Monate nach dem Einzug starb der Marquis, das Haus stand leer, bis seine Ur-Enkelin, Baroness Ramsay-Scicluna, mit ihrer Tochter Justine die Prunkräume der Öffentlichkeit zugänglich machte.

Prachtvoll, romantisch, filmreif

Ehrfürchtig durchschreitet man die geradezu irrwitzig prunkvolle Eingangshalle. Alles wirklich königlich, bloß eben … nachgemacht für einen Banker. Blickfänge: die noblen Familienportraits (z. B. Violette Scicluna, die 1937 den maltesischen Adel bei der Krönung von George VI. in London vertrat), die opulenten Deckenmalereien, das Treppengeländer aus einem durchgehenden, über 10 m langen Stück Carrara-Marmor (die erste Lieferung zerbrach leider und musste halt neu bestellt werden – na und?).

Oder die historischen Gemälde aus Maltas Geschichte, die Sala Lombarda mit riesigen Gemälden auf einer superben roten Wanddekoration, der Speisesaal im Stil einer römischen

Der Palazzo Parisio ist ein großartiges Gesamtkunstwerk historistischer Innenausstattung. Kurios: Bei der Restaurierung des verwaisten Palastes in den späten 1990ern fand man die bestellten Vorhänge – noch eingepackt. Kurz nach dem Einzug war der Marquis Scicluna gestorben, alles blieb liegen, wie es war.

Villa von Pompeji – die Öllämpchen sind exakte Kopien antiker Fundstücke. Das Deckengemälde im Arbeitszimmer hingegen würdigt die Erfindung von Telefon und Telegraf, sowie die Eröffnung des Suezkanals, der Malta (und damit dem Hausherrn) immense wirtschaftliche Vorteile gebracht hatte.

Man gönnt sich ja sonst nichts

Langsam macht sich Erschöpfung breit, aber es kommt noch besser. Das Schlafzimmer – na ja, geht heute schicker. Die Privatkapelle – oh, der Altar wurde von Großmeister Nicolao Cotoner geklaut? Der goldene Musiksaal mit einer Tapete aus echter Seide … und dann: der Ballsaal. Wie aus einem Sissi-Film, unglaublich! Gedreht wurde hier tatsächlich schon, allerdings nur das Video zum ESC-Song ›Vertigo‹ von Olivia Lewis 2007. Für die älteren Herrschaften gab's nebenan den Billardraum, mit einem aus London importierten Spieltisch aus kubanischem Holz.

Tief durchatmen … im Garten

Barock ist auch der vordere Garten mit seiner Symmetrie der Parterres. Natürlich durfte auch eine Orangerie nicht fehlen, in der einst Zitrusfrüchte für das Haus kultiviert wurden. Heute gedeihen hier Lilien. Reizvoll kühl im Sommer ist die kleine künstliche Grotte aus dem 16. Jh.

ÜBRIGENS

Guiseppe Scicluna wurde durch glückliche, vielleicht auch dubiose Geschäfte sehr, sehr reich. Er war der erste, der in Malta Schecks ausgab und erhielt so den Spitznamen **Cisk.** Sein Sohn John Scicluna erbte die Bank und investierte in eine Brauerei. Das Bier nannte er nach seinem Vater Cisk – heute ist es das meistgetrunkene Maltas.

INFOS/ÖFFNUNGSZEITEN
Palazzo Parisio **1**: 29 Pjazza Vittorja, www.palazzoparisio.com, Di–So außer Fei 9–19, letzter Einlass 17.30 Uhr, Eintritt 15 € inkl. Audioguide und 2 € Verzehrgutschein, nur Garten 5 €.

KULINARISCHES FÜR ZWISCHENDRIN
Das Restaurant **Caffe Luna** im Palazzo zählt zu den zauberhaftesten Speiseadressen Europas (T 21 41 24 61, Di–So ab 9 Uhr). Bis 11 Uhr wird Frühstück serviert, ab 12 Uhr Lunch und 15–18 Uhr zum Afternoon Tea gibt's

Kuchen. Ab 18 Uhr schließlich wird herrschaftlich aufgedeckt – dann serviert man kreative mediterrane Küche.

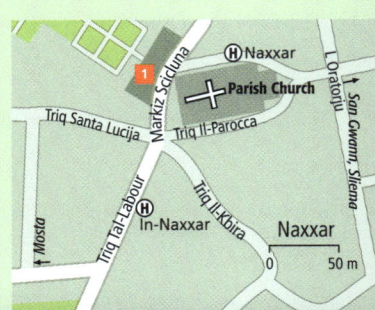

Faltplan: K 8 | **Bus:** ab Valletta 62, ab Mdina/Rabat 109, 201

ÜBRIGENS

Maltas Balkone: Typisch für die traditionellen Häuser sind die schmalen, bunt gestrichenen Balkone, die wie Schwalbennester an den Fassaden kleben. Sie wurden nach ägyptischen Vorbildern von den Briten eingeführt und dienten zum Schutz vor der Sonneneinstrahlung. Zugleich bieten sie einen Logenplatz hoch über der Straße, von dem man gerne auch ein Schwätzchen mit dem Nachbar gegenüber führte.

Wo die Malteser wohnen

Um ein bisschen Malta-Flair zu schnuppern, geht man nach **San Pawl il-Bahar** (St. Paul's Bay). Alte Malta-Häuser mit Bäckereien, Lädchen und urigen Kneipen, dazu der Fischerhafen an der St. Paul's-Kirche sind hier die Attraktion. Der **Wignacourt Tower** an der Küste stammt aus dem Jahr 1610. Er wird von Freiwilligen betreut und ist meist Mo/Di u. Fr/Sa 10–13 Uhr geöffnet.

IN DER UMGEBUNG

Die Bucht der Salinen

Schon an der **Salina Bay,** an der Straße nach Naxxar, wird es sehr ländlich. Bei der Wehrkapelle Annunzjata liegt die punisch-frühchristliche Felsgräberanlage **Ta' Salina Catacombs,** deren Grabhöhlen wie zu Jesu Zeiten mit Rollsteinen verschlossen wurden (nicht immer zugänglich).

Alle Vögel kommen …

Im Buchtscheitel führt eine Piste durch bewässerte Felder zum **Bird Park Malta,** der rund um einen Teich vielen Zugvögeln Gelegenheit zur Rast bietet, zahlreiche Arten brüten dort inzwischen sogar. Daneben werden Großvögel in Käfigen gehalten, zu sehen sind Kraniche, Flamingos, Greifvögel. Etwas weiter

stehen die spärlichen Reste des **Tal-Qadi-Tempels** aus der Megalith-Epoche. Triq l-Imdawra, T 99 86 86 08, www.birdparkmalta.com, tgl. 10–15, im Winter nur bis 13 Uhr, Eintritt ab 13 J. 8 €, sonst 5 €

Das Weindorf Maltas

Wenn Sie dem Weg weiter folgen, ist bald das Traditionsdorf **Burmarrad** erreicht – das gilt als Maltas Weindorf. Richtung Mosta staffeln sich Weinfelder an den Hängen des Bidnija-Höhenzugs empor. Das Kirchlein **San Pawl Milqi** auf der Anhöhe markiert die Stelle einer römischen Landvilla, die damals Olivenöl produzierte, und erinnert an die erste Station des Apostels Paulus nach seinem Schiffbruch in der St. Paul's Bay.

Wanderung durch Bauernland

Gehen Sie von Milqi ruhig weiter nach Westen: In den kleinen Landdörfern **Zebbiegh** (sprich *sebijeh*) und **Mgarr** (sprich *imdschar*) finden Sie nicht nur die obligatorischen urigen Dorfkneipen, sondern auch die kleinen Megalithtempel Skorba und Ta' Hagrat (www.heritagemalta.mt, tgl. 10–17 Uhr, Eintritt je 3,50 €, Kombi-Ticket 6 €)

SCHLEMMEN, SHOPPEN, SCHLAFEN

 In fremden Betten

⌂ Großes Sportangebot
Dolmen Resort Hotel
Großzügige Hotelanlage mit ca. 400 Zimmern, Pools, Sauna, Disco, viele Sport- und Wellness- Angebote. Im Garten liegen die Überreste eines Megalithtempels. Dawret il-Gzejjer (Islet Promenade), T 23 55 23 55, www.dolmen.com.mt | €€–€€€

 Satt & glücklich

⦿ Typisch Malta
Ta' Bertus Kitchen
Kleines, rustikal eingerichtetes Restaurant in einer Dorfgasse. Authentische

Ta' Cassia Salina
Das Restaurant an der Salina Bay, nur wenig außerhalb von Qawra, nutzt ein altes Landgehöft als Kulisse für tolles Ambiente und eine sehr ordentliche Küche. Die Speisekarte verzeichnet Klassiker der maltesischen Küche, aber auch Steaks und italienische Gerichte.
Triq Il–Katakombi, T 21 57 14 35, www.tacassia.com, tgl. 16–23 Uhr, So auch ab 12 Uhr | €€

Malta-Küche; Wirt Alberto hat stets wechselnde Tagesgerichte auf der Kreidetafel.
492 Triq San Pawl, San Pawl il-Bahar, T 27 20 34 56, Di–Sa ab 18.30 Uhr | €–€€

🍴 Snacks am Hafen
Sonora Malta
Wirkt erst wie eine Strandbude, doch die Küche überzeugt mit spottbilligen Snacks bis hin zu feinem Seafood (aber um 20 €). Pizza und Burger ist auch zu haben und gleich nebenan ist im Sommer das Schwimmbad geöffnet.
Triq San Geraldu, T 79 79 03 21, www.sonoramalta.com, tgl.9–23 Uhr | €–€€

🍴 Das Leben genießen
Caffe del Mar
Qawra macht auf Ibiza – auch mal interessant! Tagsüber am Pool gibt's keinen Dresscode, abends ist eher Disco-Schale angesagt. Die Küche? Italo-Grill-Asia Fusion. Leider: So cooles Volk wie auf dem Video gibt's dann doch nicht.
Triq it-Trunciera, T 22 58 81 00, www.cafedelmar.com.mt, im Sommer tgl. 10–24, sonst nur 12–22 Uhr | €€

☀ Wenn die Nacht beginnt

☀ Typisch englisch
Fat Harry's Pub
Bierkneipe im britischen Pubstil, sehenswert eingerichtet. Das Restaurant versorgt tagsüber die Gäste mit ordentlicher Lunch-Küche. Abends wird es lauter, dann kommt Disco-Feeling auf, oft mit Livemusik. Britisches Bier und mediterrane Snacks.
Triq Pijunieri (Pioneers Road), www.fatharryspub.com, tgl. ab 9 Uhr till late

🌊 Sport & Aktivitäten

🌊 Bootsausflüge
Vom Anleger (Jetty) am östlichen Ende der Bugibba-Promenade tgl. Touren von www.seaadventureexcursions.com (Blaue Lagune, Comino Sunset-Tour) und www.seahorsecruisesmalta.com (Marfa Halbinsel mit Motorseglern, mega!). Am Anleger kann man auch Jet-Skis und Sea Kayaks zu St. Paul's Islands oder Mistra Bay mieten.

🌊 Tauchen
Octopus Garden: Gillieru Harbour Hotel, St. Paul's Bay, deutschsprachig. www.octopus-garden.com

INFOS UND TERMINE

Festa: Santa Marija Duluri (Our Lady of Sorrows) Ende Juli in San Pawl il-Bahar. **Bus:** Nach Valletta Busse 31, 44, 48 über Mosta; nach Sliema Ferries Bus 203 und Bus 212 (über San Giljan); Expressbus X3 über Mdina und Paola zum Airport. Bus 221 nach Mellieha und Cirkewwa, Bus 223 im Sommer nach Ghajn Tuffieha (alle 20 Min.).

Golden Bay und Ghajn Tuffieha

🗺 G 7

Am südwestlichen Ende des fruchtbaren Pwales Valley warten die schönsten Buchten der Hauptinsel auf die zahlreichen Sommergäste: Die Golden Bay und die benachbarte Ghajn Tuffieha Bay liegen

zudem in einer sehr ländlichen Umgebung ohne jede weitere Bebauung.

Der schönste Sandstrand Maltas, die **Golden Bay,** ist zugleich der am besten erschlossene: gelb-goldener Feinsand, Liegestühle, Sonnenschirme, viele Wassersportangebote. Ein wenig urwüchsiger hingegen ist die **Ghajn Tuffieha Bay;** zum Strand steigt man über eine Treppe hinter dem Wachtturm. Ein feiner Sandstrand, gerahmt von schroffen Hängen und ein paar Kiefern, machen den Reiz dieses Fleckchens aus. An beiden Stränden sollte man sich an windigen Tagen wegen der Strömungen nicht allzu weit hinaus wagen.

Die Natur entdecken
Zum Schutz der einsamen Naturlandschaft wird einiges getan. Umweltschützer der **Gaia Foundation** (am Parkplatz Golden Bay) informieren über ein Projekt zur Wiederansiedlung endemischer Pflanzen sowie zum Küstenschutz (www.projectgaia.org, T 21 58 44 74). In Ghain Tuffieha wurden z. B. wieder Olivenbäume gepflanzt und ein Habitat mit typischer Mittelmeer-Flora renaturiert.

Wandern im Naturpark
Die gesamte Küste zwischen Golden Bay und Anchor Bay (Popeye Village) ist als **Naturreservat Park tal Majjistral** unter Schutz gestellt (Infos und Plan: mt.majjistral.org, Eingang an der Straße nach Manikata). Hier kann man ein sehr ursprüngliches Stück Malta erwandern: mit unberührter Pflanzenwelt, wilden Steilfelsen und Trockentälern, kleinen Gehöften, alten Steinbrüchen, britischen Küstenschutzbunkern (Pill Boxes), dem Ta' Ciantar Tower und vielen Giren (Ez. Girna), den uralten Schutzhütten der Jäger und Landarbeiter aus Schichtsteinen. Geführte Touren So zw. April und Oktober; Infos: walks@majjistral.org.

Nummer 3: Gnejna Bay
Der dritte der guten Strände Maltas liegt etwas weiter südlich von Tuffieha, ca. 30

Min. zu Fuß ab dem Dorf Mgarr. Da es zur **Gnejna Bay** keine Busverbindung gibt, ist hier noch deutlich weniger Betrieb.

Besuch im Dorf
In **Mgarr** (sprich *imdschar*) mit seiner gewaltigen Kuppelkirche (wg. der Form als ›Egg Church‹ verspottet) lohnt ein Stopp für den Ta' Hagrat-Tempel (▶ S. 78) oder eins der vier Restaurants an der Triq il-Kbira: Il-Barri, Tal-Ingliz und Tac-Canti. Letzteres ist das urigste, Il-Barri das schickste – dort kann man auch den Weltkriegsschutzbunker im Keller besichtigen.

....

 In fremden Betten

⌂ **Traumlage am Meer**
Golden Sands Radisson Blu Resort
Ruhig gelegenes Tophotel direkt über der Golden Bay. Geräumige, hübsche Zimmer mit freiem Internetzugang. Die Suiten besitzen Küchenzeilen für Selbstversorger. Großer Pool, guter Wellnessbereich, die Anlage bietet einige schöne Restaurants. Ideal für Familien.
Ghajn Tuffieha, T 23 56 10 00, www.radissonblu.com | €€€

....

 Satt & glücklich

🍴 **Snackküche am Strand**
Munchies Spiaggia D'Oro
Nach dem Abriss des beliebten Kiosks wird nun in einem Neubau unterhalb vom Parkplatz günstige Snackküche für die Strandgäste serviert. Sehr leger – Dresscode Badekleidung! Auf der oberen Ebene mit Terrasse geht es distinguierter zu, von Okt. bis Mai öffnet hier ein hippes Ausflugslokal mit 1-A-Blick und italienischer Küche.
Golden Bay, T 99 57 21 05, tgl. ab 9 Uhr, im Sommer bis 22, im Winter bis 17 Uhr | €

🍴 **Mediterranes Glück**
Agliolio
Wenn's ein bisschen schicker sein darf: Im Restaurant auf der Terrasse vor dem Sands Tower des Hotels werden

Die Sonne brezelt, der Life Guard passt auf und der Sand schimmert golden. Deshalb heißt die Bucht auch Golden Bay und ist der beste Strand Maltas.

Pizza, Pasta sowie Fleischgerichte und Meeresfrüchte serviert. Guter Service, fantastischer Meerblick.
Golden Bay, im Radisson Blue Resort, s. o., T 23 56 10 00, 12–16, 18–21.30 Uhr | €–€€

🛈 **Infos**
Bus: Direkte Busverbindung (Station Tuffieha) im Sommer ab Bugibba Bus 223, ab Mellieha Bus 101, ab Sliema/San Giljan Bus 225 über Bugibba, ab Valletta Bus 44 über Mosta.

Mellieha 🗺 G/H 6

Der nördlichste Ort der Insel Malta thront imposant über einem der schönsten Strände, der Ghadira Bay. Andere wie die Armier Bay oder die Golden Bay sind nicht weit entfernt. An den Hängen zum Meer hin sind in Mellieha viele Apartmentgebäude entstanden, doch die meerferne Lage des Zentrums verhinderte eine Entwicklung wie in Bugibba oder San Giljan.

······························
WAS TUN IN MELLIEHA?
······························

Nicht gleich an den Strand fahren!
Stolz thront die **Pfarrkirche Santa Marija** weithin sichtbar über dem Ort. Sieht barock aus, wurde aber erst vor rund 120 Jahren geweiht. Die Kirche entstand über dem bedeutendsten Wallfahrtsziel Maltas: eine **Höhlenkirche** mit einem auf den Fels gemalten Madonnenbild aus dem Mittelalter – das die Malteser dem Apostel Lukas zuschreiben. Schon in der Zeit vor den Johannitern pilgerten die Menschen hierher. Viele Gläubige hinterließen kleine silberne Plättchen, Votivgaben als Dank für Heilungen oder Errettung aus Seenot (tgl. ca. 17–19.30, So auch 6–12 Uhr).
Am Steilabbruch ein kleines Stück hinter der Kirche lohnt eine Cappuccino-Pause bei der **Sea View Bar** mit tollem Blick über die Bucht und das Marfa Ridge, die Hügelkette ganz im Norden Maltas. Abends geht man gern über die Hauptstraße (Triq il-Kbira, Triq G. B. Olivier), an der sich Shops, Bars und Restaurants aneinanderreihen.

Jetzt geht es ans Meer

Die **Ghadira Bay** ist der längste und auch einer der schönsten Strände Maltas: feiner Sand, mit flachem Wasser ideal für Kinder. Restaurants und Snackbuden sorgen für Verpflegung und Eispausen (!), Wassersport gibt's auch. Wer es noch ruhiger möchte, fährt im Sommer mit dem Bus zum sandigen Strand in der **Armier Bay** am Marfa Ridge (ca. 3,5 km nördlich von Ghadira).

Natur im Ghadira-Reservat

Hinter dem Sandstrand liegt das **Ghadira Nature Reserve,** das für die Zugvögel ein wichtiger Zwischenstopp von und nach Afrika ist. Es wird von der maltesischen Vogelschutzorganisation **Bird Life Malta** unterhalten. Zwischen November und Mai ist das Gebiet für Führungen zugänglich.

Ghadira Bay, Sa/So 10–15 Uhr, Sommer auch Mo, Mi, Fr 14–17 Uhr, www.birdlifemalta.org

....

SCHLEMMEN, SHOPPEN, SCHLAFEN

....

 In fremden Betten

⌂ Für Familien mit Kindern
Seabank Resort & Spa

Komplett renoviertes Hotel mit Restaurants, Disco und Kids Club. Angeschlossen ist das Atrium Spa mit Sauna, Jacuzzi, Fitnessraum, sogar eine Tauchschule betreibt das strandnah gelegene Hotel. Die Zimmer zur Landseite sind ruhiger.

Marfa Road, Ghadira, T 22 89 10 00, www. seabankhotel.com | €€

⌂ Sportlich mit Super-Aussicht
Mellieha Bay Resort

Das sehr schöne Großhotel am Nordrand der Bucht mit Lido auf den Felsen und kleinem Privatstrand wird derzeit umgebaut. Für Badeferien ist es jedoch immer eine gute Adresse: ruhig gelegen, zwei Pool-Anlagen, Restaurants, zum Strand geht man 10 Minuten. Die Tauchschule (www.aquaventuremalta. com) wird wohl wieder zurückkehren.

Marfa Road, www.melliehabayhotel.com | €€–€€€

....

 Satt & glücklich

🍴 Pizza und Meer
Il-Pirata

Der Badestrand und dann diese tolle Terrasse am Meer … Malta at its best! Doch jede Schönheit will bezahlt sein und so gibt es wenig, was direkt billig ist. Immerhin Pizza um 13 €.

Ghadira Bay, T 79 21 49 10, www. ilpirata.com.mt/mellieha-bay, tgl. ab 18 Uhr | €€

🍴 Ein Tag am Strand
Tortuga Beach Lido

Ganz in elegantem Weiß gestaltetes Lido der gehobenen Klasse mit gutem und entsprechend teurem Restaurant – zwischen Fisch, Burger und Pasta. Sogar auch etwas für Vegetarier.

Little Armier Bay, T 77 99 44 88, www.tortuga.mt, Juni bis Aug. tgl. 9–19, Mi–So länger, Mai, Sept. Okt. Di–So 9–17 Uhr | €–€€

🍴 Rustikales Malta-Flair
Il-Mithna

›Mithna‹ ist maltesisch für Windmühle. Tatsächlich ist das Restaurant in einer historischen Windmühle untergebracht. In diesem rustikalen Ambiente wird eine kreative Mediterran-Küche aufgetischt, z. B. Pork Ravioli gefüllt mit Schweinefleisch und karamellisierten Zwiebeln in Sauce aus roten Paprika und Erdnussbutter. Für die Veranda und die Terrasse im ersten Stockwerk sollte man reservieren.

58 Triq il-Kbira, T 21 52 04 04, www.mithna.com, tgl. 18–22.30 Uhr, So im Winter auch Lunch | €€

🍴 Mit Hafenblick
Westreme Kitchen & Bar

Ob am Hafen, im Hafen oder mit Hafenblick hinter Glas – Westreme bietet mehr als nur gutes mediterranes Essen nach internationalen Ansprüchen: Die Boote, das Meer, die Sonne beim Untergang… ziemlich grandios. Ohne die Steaks ist zwischen 10 und 20 € alles, von Nachos bis Pizza, zu haben.

Marfa Road, T 79 52 11 26, www.westreme.com, tgl 9.30–23.30 Uhr | €

Italienisch vom Feinsten
Da Ciccio Cucina
Etwas versteckt, doch olala! Pizza, Pasta, Burger, Fisch? Na klar! Aber auch calabrische Tapas, die man probieren muss. Leider kein Meer, dafür oben in der Stadt und ganz schön schick!
Triq Dun Frangisk Sciberras, T 22 89 44 73 www.cicciocucina.com, Di–So 18–22, So auch 12–14.30 Uhr | €–€€

Sport & Aktivitäten

Wassersport gibt's an der **Ghadira Bay,** am Hauptstrand im Norden bei Costa del Sol (T 99 49 71 97) oder im Süden bei Oh Yeah Malta (www.ohyeahmalta.com).
An der **Ramla Bay** (Marfa Ridge, 3 km) hat www.bluewaveswatersports.com großes Programm bis zu SUP. Auch das **Palm Beach Lido** an der Armier Bay (Geheimtipp!) bietet Jet-Ski-Safaris, Kanuverleih und Motorboote (www.palmbeachmalta.com).

Tauchen
Aqua Venture: T 21 52 21 41, www.aquaventuremalta.com. Kurse und Ausfahrten.

INFOS UND TERMINE

Festa: Santa Marija am 8. Sept.
Bus: Ab Valletta Linie 41, 42 bis Station Adenau (Wallfahrtskirche) und weiter über Ghadira Bay nach Cirkewwa, Bus 49 endet in Armier Bay, Bus 250 in Ghadira. Ab Flughafen Expressbus X1, von Sliema Bus 222 über San Giljan und Bugibba, Bus 101 zur Golden Bay und zum Popeye Village.

IN DER UMGEBUNG

Badespaß für Kinder
Popeye Village ⬚ G 6
Ende der 1970er-Jahre entstand in der Anchor Bay ein neufundländisches Fischerdorf, in dem der Film ›Popeye‹

gedreht wurde. Geblieben sind die Kulissen, die zum Spielpark für Kinder ausgebaut wurden. Für die Großen gibt's eine Relax-Terrasse mit Sonnenliegen.
Anchor Bay, tgl. ab 9.30 bis 18 (Juli/Aug.), 17.30 (Frühling/Herbst), 16.30 (Winter) Uhr, Eintritt Sommer 17 €, Kinder 3–12 J. 13,50 €, www.popeyemalta.com, Bus 101

Einsame Natur erleben
Zweigt man vom Kreisel am östlichen Ortseingang von Mellieha nach rechts in Richtung Selmun ab, erreicht man nach etwa 1,5 km den imposanten **Selmun Palace** (⬚ H 6). Der öffentlich nicht zugängliche Bau stammt noch aus der Johanniterzeit, für das Hotel dahinter sucht Malta, bisher vergeblich, nach einem Investor.
Folgt man der Straße, die rechts um den Turm herumführt, erreicht man das verlassene **Fort Campbell** der Briten. Dort führt ein Weg nach links den Hang hinunter ans Meer mit einer Reihe Salinen zur Meersalzgewinnung. Auf der vorgelagerten Felseninsel zeigt eine Statue den Apostel Paulus, der dort Schiffbruch erlitten haben soll. Ländlich einsam ist auch der **Selmun Beach,** den man mit der bei der Selmun Chapel abzweigenden Piste erreicht.

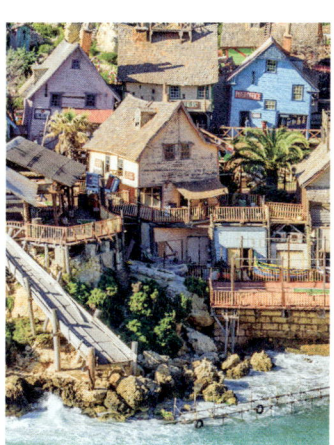

Nö, das ist nicht ›typisch Malta‹. Das ist eine begehbare Filmkulisse: Popeye Village unter Maltas Sonne.

11

Wo einst der Kümmel wuchs – **Comino**

Maltas Südsee! Berühmt ist das kleine felsige Inselchen für seine Blue Lagoon – eine wahrhaft traumhaft türkis schimmernde Badebucht. Sonst gibt es dort (fast) nichts!

Nur nebenbei: Man besichtigt mit Comino eine veritable ökologische Katastrophe. Scherben aus der Bronzezeit und punische Schachtgräber belegen eine Besiedlung bis in die Römerzeit. Im Mittelalter unter spanischer Herrschaft wurde hier Kümmel (span. Comino) angebaut, was der Insel auch den Namen gab. Und heute: nackte Felsen, Geröllwüste mit wildem Thymian oder Agaven, kein Baum, kaum mal ein Strauch. Auf dem Satellitenbild bei GoogleMaps sieht man aber noch die vielen Steinmauern, die einst fruchtbare Felder umschlossen und Hunderte Menschen ernähren konnten. Perdu!

Dauerhaft leben heute kaum noch Menschen hier. Es gibt lediglich ein Hotel mit angeschlossener Bungalowanlage in der Santa Marija Bay. Die Hotelgäste genießen hier ein ›Robinson Crusoe-Gefühl‹ … aber erst, wenn die letzten Ausflügler die Insel verlassen haben.

Überlebenskünstler

Auf einem Rundgang kann man die Garrigue erleben, eine Vegetationsform, die man auch an vielen anderen Orten auf Malta und Gozo antrifft. Auf den ersten Blick öde und karg, entpuppt sich die Karstlandschaft als faszinierendes Ökosystem. Alle Pflanzen hier sind wahre Überlebenskünstler: niedriger Wuchs, kleine, harte Blätter und die Fähigkeit, Wasser zu speichern. Typisch sind Thymian, Wolfsmilchgewächse, Kapernbüsche, Heidekraut, Mastixsträucher, Meerzwiebeln, Affodilen und Knabenkraut, eine kleine Orchideenart. Dazwischen flitzen Eidechsen über die Kalksteine. Bäume machen sich hingegen rar: An der Santa Marija Bay gedeihen einige Wacholderbäume, Aleppokiefern und Tamarisken, die gut mit sandigen, salzigen Böden zurechtkommen.

ÜBRIGENS

Leider wahr: Die Insel ist kein Geheimtipp. In der Hochsaison im Juli/August ist es an der Blauen Lagune brechend voll – die ist dann quasi das Freibad für Tausende von Sprachschülern. Am schönsten ist es auf Comino in der Vor- oder Nachsaison, dann hat man die Insel beinahe für sich alleine.

Baden oder wandern?

Mal angenommen, Sie möchten nicht mit 1000 Teenies am Rand der **Blauen Lagune** 1 sitzen – dann laufen Sie einfach los. In 2,5 Std. ist Comino einmal umrundet, schneller geht's nur mit den Segway-Touren, die auch angeboten werden.

Von der Blauen Lagune folgt man der Piste, ignoriert die Abzweigung zur Hotelbaustelle und hält schließlich links zur Santa Marija Bay. Die kleine, kubische **Kirche Santa Marija** 2 mit dem Glockentürmchen auf dem Dach erinnert an mexikanische Kapellen. In der Bucht kann man auch schön baden, oft sogar allein, Tamarisken werfen ein wenig Schatten.

Ein schmaler Pfad bergauf führt zu einer verlassenen **Schweinefarm** 3 aus den 1970ern. Dahinter geht es zu einer kleinen **Redoubt** 4, einer restaurierten Befestigungsanlage von 1715 mit sechs Kanonen und schönen Blick übers Meer nach Malta. Jetzt weiter nach Westen zum alten **Quarantänehospital** 5 der Briten, in dem die letzte verbliebene Familie der Inselbewohner lebt.

Der **Wachturm Santa Marija** 6 (geöffnet, wenn die Flagge gehisst ist) wurde 1618 unter Großmeister Wignacourt gebaut. Mit 130 Soldaten sollte er die Piraten abschrecken, die in den Höhlen der Steilküste auf Beuteschiffe lauerten. Heute hat man von den Felsen einen tollen Blick auf die **Crystal Lagoon** 7. Zurück geht es durchs Inland, linkerhand führt ein Pfad zu einer Anhöhe, wo hohe Mauern einen alten **Friedhof** umgeben. Zur Blauen Lagune ist es jetzt nicht mehr weit.

Schöne Aussicht … und das Wasser erst! Finden leider viele andere auch toll!

ANFAHRT

Im Sommer **Kleinboote** ab Cirkewwa und Mgarr nach Bedarf, sonst mehrmals tgl. (hin u. zurück: ca. 10–15 €). **Ausflugsfahrten** zur Blauen Lagune ab Mellieha, Bugibba, Sliema, Marsalforn und Xlendi

KULINARISCHES FÜR ZWISCHENDRIN

Im Sommer bekommt man bei **Snackbuden** Eis, Fastfood-Küche und Drinks – muss aber lange anstehen.

Gozo

Bei Wind sucht man hier auf der Steilküste automatisch das Geländer zum Festhalten – Dwejra Bay ist die große Attraktion der kleinen Insel Gozo. Maltas Schwesterinsel ist leicht erreichbar, aber doch (fast) eine andere Welt. Hatte nie militärische Bedeutung, bekam nie Industrie verpasst. Eine noch ländlich geprägte Welt. Victoria heißt die Hauptstadt mit ihrer mittelalterlichen Zitadelle nach der britischen Queen des 19. Jh. Mit Marsalforn im Norden und Xlendi im Süden gibt es gerade mal zwei Badeorte. Ansonsten: Bauernstädtchen wie aus dem Bilderbuch. Und der schönste Strand, die Ramla Bay. Und die Steinzeittempel von Ggantija.

Mgarr 🗺 Karte 2, E 3

Der Name Mgarr geht auf das Arabische zurück und bedeutet ›Hafen‹. Tatsächlich ist der kleine Fischerort der Haupthafen der Insel für die Fährverbindung mit Malta von Cirkewwa her.

Schon bei der Überfahrt sieht man das hoch über Mgarr (sprich *imdschar*) liegende **Fort Chambray**, das die Johanniter im frühen 18. Jh. bauten. Das Fort wird schon seit einigen Jahren in einen Wohnpark umgestaltet. Ähnlich schleppend ging es mit dem Bau der riesigen Pfarrkirche von **Ghajnsielem** (sprich *ain-sijeläm*) über dem Hafen. Erst der Lottogewinn des Pfarrers, sagt man, soll die Vollendung des Baus in den 1970er-Jahren ermöglicht haben.

Runter von der Fähre – und dann?
Die meisten fahren gleich mit dem Bus weiter zur Hauptstadt Victoria. Ganz falsch! Das Hafenviertel rechts vom Anleger bietet viele hübsche Fischrestaurants, eine Yachtmarina und noch echtes Fischerambiente. Zumindest abends sollte man sich etwas Zeit zum Dinner nehmen – die Fähren fahren auch nachts zurück!

 In fremden Betten

🏠 Sagenhafter Blick
Grand Hotel
Die meisten Zimmer des einzigen Hotels von Mgarr bieten einen herrlichen Blick über Hafen und Meer bis hinüber nach Malta. Die Zimmer mit Meerblick sind sehr hell und bieten viel Platz. Die besten (und teuersten) Zimmer haben sogar eine Balkonterrasse, auf der bequem zwei Liegen Platz haben. Auch Suiten für Familien sind im Angebot (um 350 €).
Triq Sant'Antnin, T 21 56 38 40, www.grandhotelmalta.com | €€–€€€

 Satt & glücklich

🍴 Unter Yachties
one80 Kitchen
Diese frühere Fischerkneipe ist jetzt ein doch ziemlich teures Fine-Dining, aber das ist nicht so schlimm. Bei den meisten Gerichten gibt es kleine, mittlere und große Versionen und alle kann man sich auch teilen. Also lässt man den Koch seine wunderbare Arbeit machen und freut sich darüber.
Mgarr Yacht Marina, T 21 56 33 17, www.one80.com.mt, tgl. 12–22 Uhr | €€–€€€

Auch in Mgarr ändert sich viel. Die bunten Traditionsboote verschwinden zusehends. Und vielen Fischern ist ihr Job zu mühsam.

🍴 Fisch, Fisch, Fisch
Sammy's (Il-Kcina tal-Barracca)
Das bekannte Lokal in der Fress-Gasse am Hafen serviert in einfachem, aber hübschen Rahmen italienisch-maltesische Küche mit viel Fisch! Toll z. B. die Ceviche vom Grouper. Freundliche Bedienung.
28 Triq Manoel de Vilhena, T 21 55 65 43, tgl. außer Mi ab 17.30, So ab 11.30 Uhr | €€

....

✴ Wenn die Nacht beginnt

✿ Fischerkneipe mit Guinness
Gleneagles Bar
Seit Jahrzehnten ist diese Bar im britischen Stil die Institution am Hafen. Samstags nachmittags ist am meisten los, dann gibt's oft Livekonzerte.
Triq ix-Xatt, T 21 55 65 43, auf Facebook, tgl. ab 15, So ab 12 Uhr

❶ Infos und Termine
Am Hafen kann man **Bootstouren** buchen (Sunset oder Fishing Trips und Touren entlang der Felsküste, auch Überfahrten nach Comino), Autos und Roller mieten; auch Unterkünfte.
Bus: Linie 301 von Mgarr (Busstation Vapur) nach Victoria, alle 45 Min., 303 und 323 machen längere Umwege.
Gozo-Fähre: Gozo Channel Line, www.gozochannel.com. Von 6 bis 23.45 Uhr verkehren die Autofähren alle 45 Min., nachts alle 90 Min. Achtung: zwischen 17 und 20 Uhr bilden sich am Bezahlschalter für Fußgänger lange Schlangen.

Victoria (Rabat)

🗺 Karte 2, C3

Unangefochtenes Zentrum Gozos ist Victoria, Hauptstadt und mit 6900 Einwohnern größte Gemeinde der Insel. Die Briten gaben der Stadt im 19. Jh. den Namen der Königin Victoria. Heute heißt es offiziell Il-Belt Victoria, doch alte Gozitaner sagen immer noch Rabat wie vor 200 Jahren.

Der schönste Blick: Einer der besten Aussichtspunkte Gozos liegt in **Wardija**, einem Ortsteil des Dorfes **Qala** (🗺 Karte 2, E/F 3). Wie von einem Balkon blickt man über das tiefblaue Meer hinüber nach Comino, wo die Blaue Lagune türkis leuchtet, und bis nach Malta. Von Mgarr erreicht man den Platz vorbei am Grand Hotel zu Fuß in 20 Min. Das Restaurant **Xerri L-Bukkett** dort serviert Cappuccino, Snacks, Salate und Steak (Triq iz-Zewwieq, Qala, fb.com/XerriLBukkett | €€).

Ein hübsches Städtchen
Hoch über den Dächern der Stadt ragt stolz die **Zitadelle** (▶ S. 92) auf, deren mächtige Mauern rund um die Kathedrale Santa Marija einst Schutz vor Piratenüberfällen boten. Aber das ist nicht alles. Beliebter Treffpunkt ist der **It-Tokk-Platz** (Independence Square) im Zentrum des Städtchens, wo man im Schatten von Bäumen und zwischen Marktständen in Cafés sitzt. **Shoppen,** z. B. gozische Kulinaria, macht hier auch Spaß. Aber nicht verpassen: die bezaubernden stillen Gassen der **Altstadt** rund um die prachtvoll ausgestattete **Kirche San Gorg** , in denen sich das Alltagsleben oft von seiner pittoresken Seite zeigt.

....
MUSEEN AUF DER ZITADELLE
....

Megalithkultur und mehr
Gozo Museum 2
Das Museum für Archäologie ist in der Casa Bondi, dem Haus einer wohlhabenden Familie aus dem 17. Jh., untergebracht. Die neuen Funde aus der unterirdischen Grabanlage des Xaghra Cercles aus der Megalithepoche umfassen eine

VICTORIA (RABAT GHAWDEX)

Sehenswert

1. Kirche San Gorg
2. Gozo Museum
3. Gran Castello Historic House
4. Gozo Nature Museum
5. Old Prison
6. Kathedrale Santa Marija

In fremden Betten

1. The Duke Boutique Hotel

Satt & glücklich

1. It-Tokk Restaurant
2. Il-Panzier
3. Grapes Wine Bar
4. Ta' Rikardu
5. Café San Martino

Stöbern & entdecken

1. It Tokk – Gozo Traditional Food
2. Grech's Lighting & Interiors
3. The Duke Shopping Mall

Wenn die Nacht beginnt

1. Citadel Cinema
2. Astra Theatre
3. Aurora Theatre
4. Flamingo Club
5. La Grotta

sorgfältig gearbeitete Figurengruppe mit Menschen und skurrilen Tierwesen. Von dort stammt auch die Statuette, die zwei auf einer Art Liege sitzende sehr korpulente Figuren, wahrscheinlich Priester, zeigt. Die linke Figur hält eine winzige Kopie ihrer selbst in den Händen. Besonders filigran gearbeitet ist der Majmuna-Grabstein, der mit einer kufisch-arabischen Inschrift versehen ist. Er entstand im 12. Jh. und zierte das Grab eines kleinen Mädchens.
Aus der punischen und römischen Epoche stammen Überreste riesiger Bleianker sowie zahlreiche Amphoren, die aus dem Meer vor den Klippen im Süden Gozos geborgen wurden.
Gozo Museum of Archaeology: Triq Bieb l-Imdina, Di–So 9–17 Uhr, Eintritt mit Citadella Combo Ticket 5 €, erm. 3,50 €

Ländliches Alltagsleben
Gran Castello Historic House
In zwei erhaltenen Häusern der Zitadelle, einem Labyrinth von Zimmern, Kammern, Gängen und Treppchen bietet das Museum ein Sammelsurium von Gegenständen der gozischen Alltagskultur, von landwirtschaftlichen Geräten bis zu Trachten und Votivgaben. Die alte Getreidemühle im Erdgeschoss wurde mit Eseln betrieben, andere Räume zeigen altes Handwerk wie Schmiedekunst und Steinmetzarbeit. Lohnt wirklich sehr!
Triq Melite Bernardo De Opuo, Di–So 9–17 Uhr, Eintritt s. Kasten

Alles über Gozos Natur
Gozo Nature Museum 4
Ein Überblick über die Natur und Naturgeschichte der Insel mit einer umfassenden botanischen, ornithologischen und geologischen Sammlung. Ein Exponat zeigt den berühmten Malteser Schwamm, eine pilzähnliche Pflanze, die die Ordensritter an der Dwejra Bay auf dem Fungus Rock (▶ S. 102) ernteten.
Triq Kwartier San Martin, Mo–Sa 9–17 Uhr, Eintritt s. Kasten

Gehen Sie ins Gefängnis
Old Prison 5
Links neben dem Gerichtsgebäude am

ÜBRIGENS

Sammelticket für die Zitadelle:
Das Combo-Ticket für ein Museum auf der Zitadelle gilt auch für alle anderen drei (5 €, erm. 3,50 €, 6–11 Jahre 2,50 €). Das Ticket ›Discover Gozo‹ schließt auch die Ggantija-Tempel und Ta' Kola Windmill ein (13 €, erm. 9, 6–11 Jahre 7 €). Infos: www.heritagemalta.mt.

Kathedralplatz war vom 16. Jh. bis zum Ersten Weltkrieg das Inselgefängnis eingerichtet. An das Los der Insassen erinnern zahlreiche Graffitti, die sie in den feuchten Kalkstein ritzten. Besonders populär war die Darstellung von Schiffen, aber auch Namen und sogar Daten sind an den Wänden auszumachen.
Cathedral Square, Mo–Sa 9–17 Uhr, Eintritt s. Kasten

SCHLEMMEN, SHOPPEN, SCHLAFEN

🏠 In fremden Betten

Ein legendäres Haus
The Duke Boutique 1
Das alte Hotel The Duke, wo schon Queen Elizabeth als Prinzessin mit ihrem Philip Tee trank, ist nun wieder als schickes Boutique Hotel geöffnet. Unten gibt's ein Shopping-Zentrum und auf dem Dach haben alle Suiten einen Privatpool vor dem Fenster.
Triq ir-Repubblika, T 27 79 91 00, www.thedukehotelgozo.com | €€–€€€

🍴 Satt & glücklich

Loggia mit Ausblick
It-Tokk Restaurant 1
Das schönste Touristenlokal, von der Veranda im OG hat man den besten Blick über den Markt. Gute Auswahl

Gozos Trutzburg – **die Zitadelle von Victoria**

Unglaublich – aber einst mussten alle Insulaner Nacht für Nacht Zuflucht vor den Piraten in der Zitadelle suchen! Heute steigt man zur Burg hinauf, um die herrliche Aussicht zu genießen, ein paar Museen und eine großartige Kathedrale gibt es auch.

Stolz bekrönt die Zitadelle in Victoria die zentrale Anhöhe von Gozo. Bereits Siedler der Bronzezeit nutzten die exponierte Lage als Bastion und Wehrsiedlung. Über der Akropolis der Römer entstand im Mittelalter eine kleine, aber dicht besiedelte Burg. 1551, noch vor der Großen Belagerung, stürmten türkische Piraten unter dem Korsaren Dragut die Zitadelle und entführten fast 6000 Menschen, nahezu alle Einwohner Gozos, in die Sklaverei.

Darauf planten die Ritter des Johanniterordens mehrfach den Totalabriss, erweiterten die Burg aus Geldmangel dann Anfang des 17. Jh. aber lediglich um einige Bastionen und die Neubauten am Kathedralplatz. Die abgebrannten Häuser wurden jedoch nie wieder aufgebaut.

Von Astarte zu Maria

Hinter dem neu und modern gestalteten Festungstor ragt mächtig die Fassade der **Kathedrale Santa Marija** 6 empor. Mit den Statuen der Päpste Johannes Paul II. und Pius IX ein großartiges Bild! Dort oben stand einst eine punische Tempelanlage für die Fruchtbarkeitsgöttin Astarte, die Römer verehrten hier die Juno, die Christen Maria – die Felsspitze ist also seit mehreren 1000 Jahren der Muttergöttin in ihren wechselnden Verehrungsformen geweiht. Ende des 17. Jh. errichtete der maltesische Barockbaumeister Lorenzo Gafà anstelle einer Kirche der Normannenzeit schließlich die heutige Kathedrale.

Eine breite Freitreppe führt zum Portal empor, vermutlich stammt sie im Kern noch von der antiken Tempelanlage. Dann öffnet sich ein majestätischer barocker Innenraum, wie er typisch für Gafà ist. Vom Mittelgang blickt man in eine

Wenn die Museen und die Kathedrale geschlossen sind, hat man am frühen Morgen und am späten Nachmittag die Festung fast für sich allein. Und in der Abendsonne strahlen die Mauern und die Fassade der Kathedrale wie Gold.

Kuppel, die es gar nicht gibt: Aus Geldmangel wurde sie durch ein illusionistisches Deckengemälde nur vorgetäuscht! Großartig wie in der Johanneskathedrale ist auch der Fußboden aus Grabplatten in feinster Steinschneidetechnik. Hier ruhen aber keine Ritter, sondern Bischöfe und verdiente Männer der Geschichte Gozos.

Das direkt hinter der Kathedrale gelegene Cathedral Museum präsentiert religiöse Gemälde, liturgisches Silbergerät und prachtvolle Gewänder der Kleriker. Lohnender sind jedoch das **Gran Castello Historic House Museum** (▶ S. 91) und das **Gozo Museum** (▶ S. 89).

Großes Panorama

Krönender Abschluss ist der Rundgang auf den Bastionen, die man entlang der nun gesäuberten Hausruinen des Überfalls von 1551 erreicht. Vom Laufgang vor den Mauern bietet sich ein sagenhafter Blick. Gen Norden schaut man über die typische Tafelberglandschaft der Insel, auf deren Hochflächen die Dörfer thronen. Richtung Marsalforn steht auf einem Felsen Tas-Salvatur, die 12 m hohe Christus-Statue nach dem Vorbild des Cristo Redentor in Rio de Janeiro. Weithin sichtbar ist auch der 21 m hohe Leuchtturm Ta' Gordan; 50 km weit ist sein Lichtsignal zu sehen.

Zwischen den Tafelbergen dehnen sich große Felder aus, die dank wasserspeichernder Tonschichten viel fruchtbarer sind als die der Hauptinsel. Kein Wunder, dass das kleine Gozo als der ›Brotkorb‹ des Archipels gilt.

ÜBRIGENS

Wenn Mauern erzählen könnten … Bei der umfassenden Restaurierung der Zitadelle wurde im Graben der St. Michaels Bastion das Cittadella Visitors Centre eingerichtet, das bei freiem Eintritt die Geschichte der Zitadelle nachzeichnet. Für die Besichtigung kann man die **Cittadella App** aufs Handy laden und bekommt so beim Rundgang über Bluetooth Infos und Videos zu den Bauten (frei, in Engl.).

INFOS/ÖFFNUNGSZEITEN
Kathedrale Santa Marija 6: Cathedral Square, Mo–Sa 9–17 Uhr, Eintritt 5 €, keine Besichtigung bei Messen; Cathedral Museum: Mo–Sa 10–16 Uhr; Infos: www.gozocathedral.mt

---

KULINARISCHES FÜR ZWISCHENDRIN
Das Restaurant **Ta' Rikkardu** 4 mit einem angeschlossenem Shop serviert in einem eher improvisiertem Rahmen gozische Köstlichkeiten wie getrocknete Tomaten, Käse, Kapern, Zwiebeln und Oliven zu frischem Bauernbrot. Dazu gibt's gozischen Landwein (T 21 55 59 53, tgl. 10–18 Uhr).
Im **Café San Martino** 5 bekommt man dagegen einfache Snackküche mit einem schönem Stadtblick auf der Bastion San Martino mit Sonnenterrasse.

Hast du den süßen Typ gesehen? Bei der Festa sind alle auf den Straßen, unter den lockenden Lichtern unterwegs – so eine Festa ist immer auch ein großer Heiratsmarkt.

zwischen Lunch-Snacks (leckere Ftiras) und Pizza, Pasta, Steak. Abends treffen sich die Einheimischen hier auf ein Gläschen Wein.
Pjazza l-Indipendenza, Victoria, T 21 55 12 13, www.it-tokkrestaurant.com, Mo–Sa 10–22 Uhr | €–€€

Sizilianische Küche
Il-Panzier ②
Das rustikale Restaurant mit kühlem Patio, ganz ruhig in der Altstadt, erfreut sich seit Jahren großer Beliebtheit: Hier wird man mit bodenständiger sizilianischer Küche verwöhnt. Das Tiramisu ist himmlisch.
39 Triq il Karita, T 21 55 99 79, tgl. 12–14.30, 18.30–20.30 Uhr | €€

Weinbar
Grapes Wine Bar ③
Am zauberhaften Kirchplatz gelegene Weinbar mit rustikalen Speisen, etwa einer gemischten Platte mit Bigilla-Paste, luftgetrockneter Wurst und gozischem Gbejna-Käse aus Ziegenmilch (sprich *dschbeina*).
Pjazza San Gorg, T 79 47 35 36, tgl. ab 10 Uhr | €

....

 Stöbern & entdecken

Kulinaria
It Tokk – Gozo Traditional Food 🔒
Gozische Spezialitäten in Hülle und Fülle. Weitere Souvenirlädchen auch in der Gasse rechts neben der Bellusa Bar.
Pjazza Indipendenza (It-Tokk), Mo–Sa 8–19 Uhr

Schön oder kitschig?
Grech's Lighting & Interiors ②
Wunderbar exzentrische Lampen, Statuen oder Wohnaccessoires.
137 Republic Street, auf Facebook, Mo–Sa 8.30–12.30 Uhr

Mode und mehr
The Duke Shopping Mall
Klimatisiertes Einkaufszentrum, Mode-Boutiquen (brit. und ital. Marken) und ein großer Supermarkt.
Triq ir-Repubblika, Ecke Triq Fortunato Mizzi, www.thedukegozo.com, Mo–Sa 9–19, So 10–13 Uhr

....

✹ Wenn die Nacht beginnt

Gozo wunderschön
Citadel Cinema ✹
Abends neue Hollywood-Filme im engl. O-Ton, tagsüber der Film Gozo 360° mit tollen Landschaftsbildern.
Telgha Tal-Belt, www.citadelcinema.com, Gozo 360° Mo–Sa 10–15 jede halbe Stunde, Kino Sa/So 18 u. 21, sonst nur 20.30 Uhr

Oper
Victoria ist stolz auf seine zwei Opernhäuser: das **Astra Theatre** ✹ (Triq ir-Repubblika, www.teatruastra.org.mt) und das **Aurora Theatre** ✹ (Triq ir-Repubblika, www.teatruaurora.com). Beide Häuser werden nur im Winter bespielt (Oper, Theater, Ballett, Konzerte).

Clubbing
Flamingo Club ✹: hinter Rundel Garden (Triq Santa Maria) nur Sa ab 21 Uhr.
La Grotta ✹: Im Sommer trifft sich die Tanz-Szene im großen Club Richtung Xlendi (▶ S. 105).

....

INFOS UND TERMINE
....

Info-Büro: 17 Independence Square (It-Tokk), T 22 91 54 52, Mo–Sa 9–17.20, So nur bis 12.30 Uhr, Fei geschl.
Internet: www.visitgozo.com, mgoz.gov.mt (staatliche Infoseite).
Festa: Am 3. WE im Juli (San Gorg) und am 14./15. August (Santa Marija).
Bus: Am Terminal an der Triq Taht-Putirjal starten alle Buslinien der Insel. Fahrpläne gibt's dort beim Info-Kiosk. Die Busse fahren allerdings oft nur alle 45 Min.

Xaghra 🗺 Karte 2, D 2

Das auf einem Tafelberg liegende Xaghra bietet an vielen Stellen herrliche Blicke über die Insel. Der Ort gehört zu den größten Gemeinden Gozos, was seinem dörflichen Charakter aber keinen Abbruch tut.

Mittelpunkt von Xaghra (sprich *schahra*) ist die **Pjazza Vittorja**, die von der Dorfkirche dominiert wird. Sie gehört zu den prachtvollsten auf Gozo. Gern wird erzählt, das Zifferblatt sei deshalb nur aufgemalt, damit der Teufel zu spät zur Messe kommt. Als ob solche Uhrwerke nicht sehr teuer gewesen und damals nur von wenigen Meistern hergestellt worden wären. Der Dorfplatz ist der Treffpunkt der Einheimischen, nicht nur die alten Männer kommen zum Plauschen hierher.

....

WAS TUN IN XAGHRA?
....

Natürlich zu den **Ggantija-Tempeln** pilgern (▶ S. 96). Und sonst? Die **Ta' Kola-Windmühle,** eine der zwölf Kappenmühlen, die der Johanniterorden im 18. Jh. stiftete, lohnt sich auch. Über dem kubischen Block, in dem der Müller wohnte, erhebt sich ein 15 m hoher Turm. Die Kappe mit den Flügeln konnte je nach Windrichtung gedreht werden. Im Inneren ist ein Museum untergebracht, eine schmale Treppe führt in den Turm, in dem der Mechanismus veranschaulicht wird (Triq il-Bambina, T 21 56 10 71, tgl. 10–17.30 Uhr, Ticket für Ggantija gilt auch hier).
Am Dorfplatz weisen Schilder zu **Xerri's Grotto** und **Ninu's Cave** (meist tgl. 10–18 Uhr), zwei Tropfsteinhöhlen, die beim Brunnenbau entdeckt wurden.

....

🏠 In fremden Betten

🏠 Urlaub mit Dorf-Flair
Cornucopia
Hauptattraktion des Hotels im Landhausstil ist der Innenhof mit verschie-

13

Im Reich der Riesin –
Ggantija-Tempel

Ggantija – das heißt gigantisch. Und wirklich, dieser Steinkreis-Tempel der maltesischen Megalithkultur ist aus gigantischen Steinen gefügt und zudem fast vollständig erhalten. Die Legende sagt, eine Riesin habe hier gebaut.

ÜBRIGENS

Es war natürlich keine Riesin – die Menschen der **Megalithkultur** bauten diesen Tempel. Mega-lith, das heißt ›große Steine‹. Und diese Steine sind so groß und schwer, dass heute niemand so bauen würde, schon gar nicht ohne schwere Maschinen. Aber die ›Riesin‹ gab es (fast) wirklich: es war die Magna Mater, die Große Mutter, die als Göttin hier verehrt wurde.

Aber auch Riesen bauen nicht für die Ewigkeit. So stören heute nicht nur Laufstege den einst so grandiosen Anblick, sondern auch Stützgerüste. Sicherheit geht vor! Die Brocktorff-Aquarelle aus den 1820er-Jahren, heute im Gozo Museum in der Zitadelle (▶ S. 89), zeigen die Tempel direkt nach der Ausgrabung, ungestört: Eine faszinierende Steinarchitektur, älter als die Pyramiden Ägyptens. Das neue Besucherzentrum am Zuweg informiert mit Schautafeln über diese einzigartige Steinzeitkultur und ihre Bauformen.

Alles mega – megalithisch!

Erstmal die **Außenmauer** `1`: Die riesigen Steinplatten aus hartem Korallenkalk wurden über eine längere Wegstrecke zum Bauplatz transportiert, wahrscheinlich auf Rollkugeln. Der größte Stein misst 8,5 x 3 m und wiegt weit über 50 Tonnen. Eigentlich unvorstellbar.

Erstaunlich auch, wie exakt die Steine gefügt sind, sodass sie sich mal mit der Breit-, mal mit der Schmalseite aneinanderreihen. In den oberen Mauerlagen sind sie quergelegt und so geschichtet, dass sie sich nach innen neigen und den Ansatz einer Kuppel bilden.

Verehrung der Muttergöttin

An der Vorderseite ist die **Fassade** `2` des Südtempels am besten erhalten – gute 8 m hoch. Über einige Stufen betritt man den ersten Innenraum, der vermutlich erst bei der Erweiterung der Kultstätte um den Nordtempel um 3000 v. Chr. entstand. Mächtige Orthostaten links und rechts des Korridors bilden den **Trilith-Eingang** `3`. Sehen Sie die Vertiefungen im Stein, in denen die hölzernen Tempeltüren verankert waren?

Die **linke Apsis** 4 besitzt einen Torba-Boden aus gestampftem Kalkmehl, der bis heute einen betonartigen Estrich bildet. In der **rechten Apsis** 5 stehen einige niedrige Altäre, die allerdings inzwischen stark verwittert sind.

Der hintere Teil des Südtempels ist älter als die restliche Anlage, datiert aus 3600 v. Chr. Das **Allerheiligste** 6 und die beiden seitlichen Vorräume bildeten ursprünglich einen kleinen Kleeblatt-Tempel, der später um den vorderen Saal und den Nordtempel erweitert wurde.

Eine Schwelle mit schwach ausgeprägtem Punktdekor sperrt das Allerheiligste ab. In der Aussparung in ihrer Mitte stand vermutlich ein Gefäß, das flüssige Opfergaben (Tierblut) aufnahm. In der **linken Apsis** 7 dienten Steinregale zur Aufbewahrung von Opfergaben. In der **rechten Apsis** 8 blieben eine Feuerstelle und ein ›Fensterstein‹ als Durchschlupftür erhalten.

Der **Nordtempel** 9 beeindruckt durch die sehr exakt gearbeiteten Wände – hier erreichte die Steinmetzkunst der Tempelbauer ihre höchste Kunstfertigkeit. Die Altäre, die Brocktorff bei der Ausgrabung noch zeichnete, sind verschwunden. Der **hintere Saal** 10 besitzt nur eine flache Abschlussapsis, sodass er wohl nur als eine Art Nebenkapelle zum Südtempel geplant war.

Eine Mühle aus der Johanniterzeit

Mal was anderes als Steine: Direkt gegenüber dem Eingang ist die älteste erhaltene Windmühle Maltas (1725) zu besichtigen. Lohnt sich!

Gigantische Steine, mystisches Licht – das lässt keinen so einfach davonkommen. Die Göttin, die Magna Mater, ist vergangen, aber ihre Tempel blieben.

INFOS

Die Tempel liegen in Xaghra, Triq il-Mithna, Di–So 10–18 Uhr, Eintritt 10 €, erm. 8 €, 6–11 J. 6 € inkl. Besuch der Ta' Kola-Windmühle, www. heritagemalta.mt.

KULINARISCHES FÜR ZWISCHENDRIN

Am großen Kirchplatz von Xaghra gibt es einige dörfliche Lokale, z. B. das **Café Reale** mit Salaten, Ftiras (maltesischen Sandwiches) und sehr leckerem Kuchen (Pjazza Vittoria, T 21 55 38 87, Di–So 8–18 Uhr).

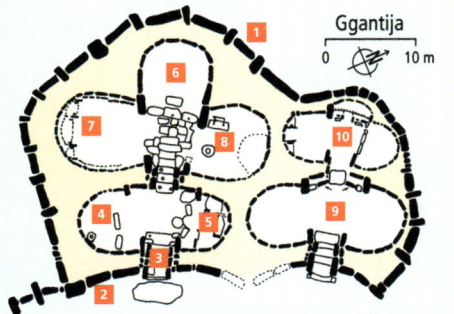

denen Pools. Sehr schöne historische
Lobby, die Zimmer jedoch oft etwas
schlicht. Freitagabends wird ein Büffet
und Livemusik angeboten, sogar Räder
können geliehen werden. Zum Hotel
gehören auch Bungalows und ein
Farmhaus für Selbstversorger.
Triq Gnien Imrik, T 21 55 64 86, www.
cornucopiahotel.com | DZ/F €€

🏠 Traditionelles Flair
The Cloisters B&B
Hübsche, feine Pension im Dorf in einem
traditionellen Steinhaus ganz nah beim
Kirchplatz. Zur Ramla Bay 2,5 km, für
eine kurze Erfrischung gibt es auch
einen kleinen Pool. Die netten Wirtsleute
Simon und Daniel sorgen nicht nur für
ein exzellentes Frühstück, sondern küm-
mern sich auch sonst um fast alles.
Triq It-Tmienja u Ghoxrin ta' April 1688, T 79 91
43 53, auf www.booking.com | €€

. . . .

🍴 Satt & glücklich

🍴 Unter Einheimischen
Oleander
Das Restaurant am Hauptplatz von
Xaghra bietet italienisch-maltesische
Küche mit viel Fisch, guter Pasta und
leckerem Kuchen.
Pjazza Vittoria, T 21 55 72 30,
fb.com/OleanderRestaurant, Di–So 12–14.30,
18.30–22 Uhr | €

ℹ️ Infos und Termine
Festa: Mariä Geburt (Nativity) in der
Woche vor dem 8. Sept.

Ramla Bay

 Karte 2, D/E 2

**Gäbe es einen Preis für den
schönsten Strand der maltesischen
Inseln, die völlig unbebaute Ramla
Bay hätte alle Chancen, ihn zu
gewinnen – eingebettet zwischen
Tafelbergen und Feldern und fern-
ab vom Verkehrslärm.**
Der breite, langgestreckte Strand mit

Odysseus auf Malta? Sieben
Jahre auf einer Insel mit einem
sexsüchtigen Nymphchen – da
wären die meisten Männer wohl
nicht sehr traurig. Odysseus aber
saß am Strand und weinte heimlich.
Lassen wir mal außen vor, ob Homer
nicht einen Witz machen wollte!
Ernle Bradford, »Reisen mit Homer«,
ist jedoch der Ansicht, dass es bei
der Geschichte eher um die riesige
Höhle ging. Heute eingestürzt,
muss sie damals von Meer aus von
weiter sichtbar gewesen sein. Also
eine wichtige Landmarke für die
antiken Seefahrer. Aber womöglich
ist die erotische Story ja ein Hinweis
darauf, dass die Malteserinnen
damals, wie oft bei Inselvölkern,
einem Techtelmechtel mit fremder
Seefahrern durchaus nicht abgeneigt
waren.

seinem feinen gelb-goldenen Sand wird
begrenzt von einer unter Naturschutz
stehenden Dünenlandschaft mit großen
Schilfhainen entlang dem Trocken-
bachtal. Im Sommer versorgen ein
paar Imbissbuden die Badegäste. Die
Liegestühle und Sonnenschirme sind
aber nicht gerade günstig.

Höhle der liebeshungrigen Göttin
Auf der nördlichen Anhöhe über der
Ramla Bay liegt der Aussichtspunkt
Calypso's Cave (Karte 2, D 2): ein
herrlicher Blick über die Bucht! Dort soll
der griechische Sagenheld Odysseus auf
seiner Irrfahrt nach der Eroberung von
Troja von der liebeshungrigen Nymphe
Kalypso sieben Jahre lang festgehalten
worden sein – und wurde so ganz
nebenbei Vater mehrerer Kinder. Die
Höhle ist längst eingebrochen, muss
aber riesengroß gewesen sein, wie
man an den Richtung Küste gestürzten
Felsbrocken erkennt.

Marsalforn

📖 Karte 2, C/D 1/2

**Der in einer weiten Bucht gelege-
ne Badeort ist neben Xlendi Gozos
zweite ›Touristenhochburg‹. Im
Sommer geht es hier recht lebhaft
zu – kein Vergleich jedoch mit
den maltesischen Ferienzentren.
Ähnlich wie in Xlendi sorgt der
Bau neuer Apartmenthäuser dafür,
dass der bis vor wenigen Jahren
noch überschaubare Ort immer
größer wird.**

WAS TUN IN MARSALFORN?

Die Uferpromenade, gesäumt von
Lokalen und Bars, ist zum Flanieren
wie geschaffen, abends treffen sich
hier auch viele Gozer. Aber selbst zur
Mittagspause fahren die Leute aus

Victoria gern hierher. Der Ortsstrand ist
sandig, aber ziemlich klein. Zur wunder-
baren **Ramla Bay** gehen Sie auf einem
Küstenpfad aber nur ca. 30 Min. (Start
hinter dem Calypso Hotel).
Gut baden kann man auch in der
Xwejni-Bucht (sprich *schweini*), 2 km
westlich. Dort wird in den Becken und
Vertiefungen in den Felsen am Meer bis
heute Meersalz gewonnen. An manchen
Tagen (Juli bis August) kann man das
Meersalz bei den Salinen direkt vom
Erzeuger kaufen – ein schönes Souvenir.

SCHLEMMEN, SHOPPEN, SCHLAFEN

🏠 **In fremden Betten**

🏠 **Mit Hafenblick**
Calypso Hotel
Moderne Zimmer der Mittelklasse mit
Pauschalflair. Von der Dachterrasse ge-
nießt man den Blick über Ort und Bucht.

*Er fegt sich sein Salz zusammen. Echtes Meersalz war früher eines der wichtigsten
Exportprodukte Maltas, heute ein Lifestyle-Artikel und nettes Souvenir.*

Im Haus gibt es auch eine Tauchschule und zwei Restaurants.
Triq il-Port, T 21 56 20 00, www.hotelcalypsogozo.com | €€

🏠 Echt stylish
Murella Living
›Funkiest Hotel of Gozo‹ nennt das Murella sich selbst, wohl zu Recht: beeindruckend die Vielfalt der Formen und Motive des Zimmer-Designs. Die Lage mitten im Ort ist top, ebenso das Frühstücksbuffet.
18 Triq il-Forn, T 21 55 03 40, www.murellaliving.com.mt | €–€€

🏠 Preiswert und freundlich
Maria-Giovanna Hostel
Freundliche und saubere Pension im Tradionsstil, mit traditionell eingerichteter Lounge und Küche für das Frühstück. Die Besitzer vermieten über die Website auch B&B-Zimmer in Victoria und im Dorf Ghasri.
Triq i-Munqbell/Triq ir-Rabat, T 21 55 36 30, www.tamariagozo.com | DZ/F €, Apt/4 Pers. €€

🍴 Satt & glücklich

🍽 Über den Wellen
Il Kartell
Restaurant mit rustikalem Gastraum und einer schönen Terrasse direkt am Hafenkai. Fisch, Pasta, Pizza und Salate alles ist frisch und lecker. Wer's tradtionell maltesisch mag, wählt zwischen Fenek oder Bragioli, den maltesischen Rouladen.
Triq il-Port (Westseite der Bucht), T 21 55 69 18, tgl. 11.30–15.30, 18–22 Uhr | €–€€

🍽 Terrasse an der Felsenküste
Qbajjar-Restaurant
Alteingesessenes Familienrestaurant, Sehr beliebt seit langem. Bei großartiger Aussicht aufs Meer gibt's kreative Fischgerichte, prima Pizza und sehenswerte Desserts. Ziemlich beliebt, daher zu Stoßzeiten etwas hektisch.
Triq ix-Xwejni (Straße zur Xwejni Bay), T 21 55 11 24, Mi–Mo 10.30–15.30, 17.30–22.30 Uhr | €–€€

NOBEL IN DER SCHEUNE

Eine Adresse für die besondere Gelegenheit! Das Edelrestaurant **Ta' Frenc Restaurant** an der Straße nach Victoria hat ein altes Bauernhaus sehr romantisch umgestaltet. Hier wird nun eine anspruchsvolle italienisch-französische Küche kredenzt. Als Referenz an Malta gibt's aber auch lokale Speisen, z. B. Wachteln aus eigener Zucht – lecker sind die mit Kaninchenfleisch gefüllten Ravioli. Das Tasting Menu (4 Gänge) liegt bei 65 €.
Triq ir-Rabat, T 21 55 38 88, www.tafrencrestaurant.com, last orders: Do–So 12–13.30; Mo–Sa 18.30–21 Uhr | €€€

Wenn die Nacht beginnt

✴ Szene-Treffpunkt
Unwine'd Pub
Hier an der Meerpromenade trifft sich abends ein jüngeres Szene-Publikum bei chilliger Lounge-Musik, oft auch live. Anschluss ist garantiert, wenn man's will!
Triq il-Port, fb.com/UnwinedPub, 19–4 Uhr

🛶 Sport & Aktivitäten

🌊 Auf dem Meer
Kleinere Ausflugsboote fahren zu Badebuchten und nach Comino: **Xlendi Pleasure Cruises,** Büro am Hafen, T 99 11 19 09, www.xlendicruises.com. Die Agentur hat auch Jet-Skis und Kayaktouren auf dem Meer (Sea Kayaking) im Programm.

🌊 Im Meer … Tauchen
Mehrere Tauchschulen bieten Kurse und Tagesfahrten an:
Nautic Team Gozo, Volcano Street, www.nauticteam.com
Calypso Diving Centre, Hotel Calypso, www.calypsodivers.com
Atlantis Diving, Hotel Atlantis, Qolla Street, www.atlantisgozo.com

Gharb und San Lawrenz Karte 2, B 2

Das im Westen der Insel gelegene Gharb (1000 Einw.) ist eines der idyllischsten Dörfer von Gozo. Am kleinen Dorfplatz mit einer prachtvollen Barockkirche stehen auch die Polizeistation, eine rote Telefonzelle und ein Steinkreuz aus dem Mittelalter. Nicht minder hübsch ist das benachbarte Dorf San Lawrenz. Auch hier scheint auf dem Dorfplatz die Zeit stehen geblieben.

Alter Alltag im Museum

Erstmal ein wenig rund um die Kirche schlendern – alle Häuser sind hübsch. Dann ins **Gharb Folklore Museum,** in dessen 28 Räumen liebevoll zusammengetragene Exponate – Druckmaschinen, Weinpressen, alte maltesische Trachten – vom Alltag der Inselbewohner in früheren Zeiten erzählen. Schon das Wohngebäude aus dem frühen 18. Jh. ist sehenswert. (Pjazza il-Knisja 99, Gharb, Mo–Sa 9–16, So 9–13 Uhr, 3 €).

Entdeckungen rund um Gharb

Ein Spaziergang durch von Mauern gesäumte Felder führt zur **Kapelle San Dimitri** etwa 2 km nördlich von **Gharb** (Karte 2, B 1), die einsam in der Landschaft liegt.
Und natürlich nicht verpassen: die **Felsenbucht von Dwejra** mit dem berühmten Azure Window (► S. 102). Nur für religiöse Christen: Maltas bedeutendstes Pilgerziel, die **Basilika Ta' Pinu** aus dem späten 19. Jh., liegt inmitten von Zedern östlich von Gharb (tgl. 12.30–13 Uhr geschl.).

In fremden Betten

Volles Verwöhnprogramm
Kempinski San Lawrenz Resort
Die luxuriöse, kurz vor San Lawrenz gelegene Hotelanlage im typischen Malta-Stil ist so perfekt in die Landschaft eingefügt, das man sie von der Straße aus nicht sehen kann. Überzeugt auch durch ein großes Wellness- und Ayurveda-Angebot.
Triq ir-Rokon, San Lawrenz, T 22 11 00 00, www.kempinski-gozo.com | DZ/F €€€

Satt & glücklich

Unter Einheimischen
Ic-Centru Restaurant Caffè Gharb
Ach wie schön, dass es etwas noch gibt: eine echte Dorfkneipe mit günstiger Küche und Pizzen, die über den Teller ragen. Und sonntags nimmt man dort schon vormittags ein Glas, bevor es in die Kirche geht. Danach natürlich auch. Wirklich urig!
Triq Frenc ta' l-Gharb, T 99 45 71 73, Mo–Sa 17.30–22, So auch 8.30–12.30 Uhr | €

Edelküche im Dorf
Tatitas
Perfekt geführtes Restaurant am malerischen Dorfplatz von San Lawrenz. Man kann draußen sitzen oder im edlen, ganz in Weiß gehaltenen Innenraum. Im Sommer sollte man jedoch reservieren, weil alle Plätze dann sehr begehrt sind. Die Karte verzeichnet maltesisch-mediterrane Küche – ausgezeichnet sind die Wachteln in Calvados und die hausgemachten Ravioli. Gute Weinauswahl.
Pjazza San Lawrenz, T 79 65 23 46, fb.com/tatitas2, tgl. außer Di 12–14.30, 18–22.30, So nur 18–22 Uhr | €€–€€€

Stöbern & entdecken

Glas als Kunst
Gozo Glass
Kunstvoll bunte oder mit Blattgold gestaltete Glaswaren, echte Hingucker. Besonders interessant während der Produktionsvorführung der Glasbläser bis 13.30 Uhr.
Ta' Dbiegi Crafts Village, Triq Frangisk Portelli, www.gozoglass.com, Mo–Fr 7–15, Sa 10–12 Uhr

Gewaltige Kulisse – **die Felsen von Dwejra**

Hier wollen sie alle hin: Die bizarre Felsenbucht von Dwejra mit dem Inland-Meer, dem Pilz-Felsen und dem Azure Window. Aber halt: der berühmte Felsbogen fehlt. Ein Sturm fegte ihn 2017 ins Meer. Aber schön ist es in Dwejra immer noch.

Hinter dem Dorf San Lawrenz öffnet sich ein Wied, ein tief in die Karstlandschaft eingegrabenes Tal hinunter zu den Felsklippen von Dwejra: Eine Szenerie wie aus einem Filmsetting. Als das Felstor noch stand, wurde hier eine Folge von »Game of Thrones« gedreht.

Gozos tiefster Punkt

Inland Sea `1` nennen die Malteser den kleinen Tümpel, mit dem das Meer durch eine Felsspalte ins Land einbricht. Gerahmt von alten Fischerhütten und steil aufragenden Felsen, wird er heute gern von Tauchern und von den zahlreichen Badegästen genutzt. Fischerboote fahren an windstillen Tagen durch die Spalte zu Erlebnistouren entlang der Felsküste hinaus aufs offene Meer, etliche Lokale servieren Snacks.

Fenster ins Blaue

Auf der anderen Seite vom Parkplatz kommt man auf ein Felsplateau, in dessen Korallenkalkstein viele Muschel- und Sepiareste stecken. Vor Jahrmillionen lagerten sich hier die Meerestiere ab, aus denen das Gestein entstand. Und dann steht man dort, wo nun das **Azure Window** `2` fehlt. Aber die Felsküste ist immer noch großartig, sogar grandios an stürmischen Tagen, wenn das Meer an die Felsen peitscht.

Links der kleinen Kapelle steigen Sie auf die Felsbarriere vor dem Inland Sea. Auch hier stecken im Globigerinenkalk Muscheln und Seesterne, dazu gibt's eine tolle Aussicht auf das Inland-Meer, das aus einer eingestürzten Höhle im Kalkstein entstand. Wer sucht, entdeckt sogar Schleifkarrenspuren wie in Clapham Junction (► S. 60).

Die Taucher sind mutig. Gleich geht's durch den Tunnel Richtung Meer. Und dann hinunter ins deep blue.

ÜBRIGENS

Malta trauert um das Azure Window, das Blaue Fenster. In der ersten Auflage dieses Reiseführers schrieb ich, bis zum Einsturz könne es noch länger dauern. Am 8. März 2017 erwies sich das als Irrtum! Nur gut, dass es nicht im Sommer passierte.

Der Malteser Schwamm

Südlich liegt die Dwejra Bay bewacht von einem mächtigen, 65 m hohen Felsen, dem **Fungus Rock** **3**. Dort gedeiht der Malteser Schwamm, eine pilzartige Pflanze *(Cynomorium coccineum)*, die als Heilextrakt gegen Blutungen und als Aphrodisiakum begehrt war. Das Wundermittel kam im Hospital des Ordens zum Einsatz und wurde für immense Summen an die von der Bluterkrankheit geplagten Fürstenhöfe in ganz Europa verkauft. Klar, dass die Ritter strikt über ihr Monopol wachten. Nur mit einer Seilbahn war der Felsen zu erreichen (die Verankerungen sind noch zu sehen), und die wurde gut bewacht.

Der **Dwejra Tower** **4**, 1651 zum Schutz gegen Piraten errichtet wurde, sollte zudem auch unliebsame Konkurrenz von dem Felsen abhalten. Auf den Diebstahl des Malteser Schwamms stand immerhin eine langjährige, oftmals tödliche Strafe als Galeerenruderer. In den 1980er-Jahren wurde die Pflanze wissenschaftlich untersucht – doch eine Heilwirkung konnte nicht nachgewiesen werden. Alles ein Fake! Heute weiß man, dass die außergewöhnlich erfolgreiche Behandlung von Patienten in den Hospitälern des Ordens in erster Linie auf der für die damalige Zeit beispiellosen Hygiene beruhte.

ÜBRIGENS

Unter Wasser …setzt sich die Felsenlandschaft von Dwejra fort, sie gehört zu den eindrucksvollsten Tauchrevieren Maltas. Anfänger starten am Inland Sea, Pros am **Blue Hole.** Das Blaue Loch ist ein wellengeschützter Kamin, der tief hinunter in die aufregende Unterwasserwelt der Dwejra-Bucht führt.

INFOS

Alles frei zugänglich, auch der **Dwejra Tower,** wenn die maltesische Flagge drüber weht. Für die **Fischerboote** vom Inland Sea durch den Felsspalt raus aufs Meer zahlt man ca. 10 €.

KULINARISCHES FÜR ZWISCHENDRIN

Pizza, Pasta und maltesische Ftira-Sandwiches gibt's im **Azure Window Restaurant** **1** in herrlicher Lage am Inland Sea (Pjazza Dwejra, T 21 56 65 60, tgl. 10–22 Uhr | €€). Von der Terrasse genießt man einen wunderbaren Blick auf den Fungus Rock, am schönsten bei Sonnenuntergang.

Faltplan: Karte 2, A 2 | **Bus:** Nr. 311 ab Victoria über San Lawrenz

Xlendi 🗺 Karte 2, B 3

Das ist schon super: der Ort liegt in einer schmalen, von steilen Felswänden begrenzten Bucht. Früher lebten die Einwohner vor allem vom Fischfang, heute vom Tourismus. Auf den Felsen wachsen nun immer mehr Apartmenthäuser von Maltesern, die gerne fürs Wochenende auf die Nachbarinsel herüberkommen, um die Ruhe Gozos zu genießen.

Promenade führt eine kleine Brücke über einen Seitenarm der Xlendi-Bucht und dann eine Treppe über den Felsen zur **Ghar ta' Karolina,** einer Karsthöhle. Auf der anderen Seite gelangt man zum **Xlendi Tower** am Eingang der Bucht. Unterhalb des Wachtturms aus dem Jahr 1658 liegen alte Salzpfannen – schön zum Sonnenbaden! Und auch das Wasser ist deutlich klarer als vorn in der Bucht. Von den glattgeschliffenen Felsen aus hat man einen herrlichen Blick auf die Steilklippen gegenüber; sagenhaft sind die Sonnenuntergänge.

....
WAS TUN IN XLENDI?
....

An der kleinen, am Wasser entlang führenden Promenade oder auf den Plateaus auf der nördlichen Seite der Bucht kann man unter Sonnenschirmen wunderbar relaxen. Es gibt einen kleinen Strand vor der Promenade, aber meist gelangt man über Leitern ins Wasser. Am Ende der

....
SCHLEMMEN, SHOPPEN, SCHLAFEN
....

🏠 **In fremden Betten**

🛏 **Die Ruhe zählt**
San Antonio Guesthouse
Die Lage der Pension, hoch am Hang über der Bucht, garantiert viel Ruhe.

Die Fischer genießen ihren wohlverdienten Ruhestand in der Sonne. Da gesellt sich auch der Hund gern mal dazu.

Der Ortskern ist bequem bergab zu Fuß zu erreichen, zurück muss man jedoch steigen. Eher schlichte, landestypische Zimmer, aber mit Pool hinterm Haus.

Triq it-Torri, T 99 49 68 07, www.clubgozo.mt | DZ/F €, Suite €€

Blick auf Himmel, Meer und Felsen
San Andrea Hotel
Direkt im Ort an der Buchtmitte gelegenes Mittelklassehotel mit 28 gepflegten Zimmern und dem Restaurant Zafiro. Besonders schön sind die 12 Zimmer nach vorn mit Blick auf den kleinen Ortsstrand und die schmale Meeresbucht.

Xatt Ix-Xlendi, 21 56 55 55, www. hotelsanandrea.com | DZ/F €€

Satt & glücklich

Fisch – was sonst?
The Boathouse
Hier dinieren gern die Malteser, die keine Geldsorgen haben. Aber einmal im Leben kann man sich so etwas doch gönnen, es muss ja nicht der Hummer (Lobster) um 120 € sein. Ansonsten ist die Auswahl an Fisch auch besser als in Berlin!

Xatt Ix-Xlendi, T 21 56 91 53, www. theboathousegozo.com, tgl. 12–15, 18–22 Uhr | €€€

Der beste Buchtblick mit Lido
Il-Terrazzo
Hoch über der Bucht gelegenes Terrassenrestaurant: Entlang der Felsen blickt man aufs offene Meer und die Steilklippen der Bucht – sehr romantisch. Die Küche ist maltesisch-mediterran, aber auch mit Pizza und Pasta. Über eine Treppe steigt man runter zum Lido auf der Felsküste – auch schön!

Triq San Xmun, T 27 88 88 07, www. terrazzoxlendi.com, tgl. 12–22 Uhr

Am Kai der Fischer
Churchill
Das Restaurant ging 1947 aus einem in den Fels geschlagenen Fischer-

unterstand an der linken Buchtseite hervor und ist heute, unter Leitung der Enkelin des Gründers, eins der besten Restaurants Xlendis, auch mit Pizza und Pasta. An Tischen direkt am Wasser genießt man abends romantisch den Sonnenuntergang. Am Wochenende gibt's mitunter Livemusik und Buffet ab 20 Uhr.

Xatt ix-Xlendi, T 21 55 56 14, fb.com/churchillgozo, tgl. 9–22 Uhr | €–€€

Wenn die Nacht beginnt

Disco Nights
Club La Grotta
Kein anderer Club Maltas liegt so spektakulär wie das La Grotta: verschiedene Bars und Floors, aber auch ein Restaurant auf Terrassen in einem wilden Felstal. Verschiedene Musikstile, der Hauptfloor kopiert (sorry!) die Elektro-Dance-Sessions von Ibiza.

Xlendi, Triq Tal-Ghajn, 3 km, T 99 00 70 70, auf fb.com, Mai–Okt. Fr/Sa ab 22 Uhr

Sport & Aktivitäten

Tauchen
Moby Dives: Triq il-Gostra, T 21 56 44 29, www.mobydivesgozo.com
St. Andrew's Divers: Triq San Xmun, T 21 55 13 01, www.gozodive.com, Kurse (Padi um 400 €)

Bootsausflüge, Wassersport
Xlendi Watersports: Verleih von Motorbooten und Jet-Skis. Ausflüge zur Steilküste und zur Dewjra Bay, auch Touren nach eigenem Plan.

Station bei der Statue am Hafen, T 99 42 79 17, www.gozoboathire.com

Entdeckungen rund um Xlendi
Eine schöne Tagestour ist die Wanderung zum Spitzenklöppler-Dorf **Sannat** auf das steinige Plateau von **Ta' Cenc** und zu den höchten Steilklippen Maltas (▶ S. 106). Auch zur **Dwejra Bay** (▶ S. 102) kann man mit etwas Spürsinn entlang der Küste wandern (ca. 90 Min.)

Alone like a stone – **Sannat und die Klippen von Ta' Cenc**

 # 15

Allein unter Steinen – so kann man sich auf dem Hochplateau von Ta' Cenc mit den spektakulärsten Klippen Maltas wirklich fühlen. Oben nur Steine, dann steil abwärts … hui! Vom kleinen Bauerndorf Sannat wandern wir dorthin.

Viel Ablenkung gab es in Sannat, so hoch über dem Meer, nie. Aber Langeweile macht rührig. Wohl deshalb wurde das Klöppelhandwerk in dem Dorf so beliebt. Und deshalb sieht man noch heute im Sommer die älteren Frauen vor ihren Häusern sitzen und ihr filigranes Gespinst zaubern.

Los geht's am Dorfplatz von Sannat (Busstation Sannat) mit seiner schönen **Barockkirche Santa Margerita** `1` aus dem 18. Jh. Mit ihren Doppeltürmen und der roten Kuppel bleibt sie dem Muster maltesischer Pfarrkirchen treu. Besonders prachtvoll präsentiert sich der Innenraum während der Festa im Juli, wenn die Wände mit roten Damasttüchern verkleidet sind.

Am Platz finden sich die Fixpunkte im Leben der Dorfgemeinschaft: Parteizentrale, Polizeistation, Dorfkneipe und Vereinshaus. Tagsüber, wenn die Menschen ihrer Arbeit nachgehen, ist der Platz fast verwaist – ein untrügliches Zeichen, dass das Leben noch in alten Bahnen verläuft.

Rechts an der Kirche vorbei folgt man der Straße, die bald einen Schwenk nach links macht. An der Straßengabelung nimmt man den rechten Abzweig. **The Lace House** `2` heißt das Gebäude, wo Elizabeth von England, die heutige Queen, im April 1951 den Klöpplerinnen über die Schultern schaute. Sannat ist bekannt für seine filigranen Klöppelarbeiten, eine Tradition, die auf das 16. Jh. zurückgeht.

Bauernhäuser als Residenz

Nun folgt man der Triq Il-Kalkara, der Dorfstraße, nach rechts. Vorbei an zwei Dorfkneipen und alten Bauernhäusern führt die Straße schnurgerade durch den Ort. Viele dieser Häuser sind renoviert worden und befinden sich im Besitz von Ausländern. Auffällig sind die verzierten Balkone – Kunstwerke der gozischen Steinmetze. Die Wappen an den Fassaden verraten, dass es sich bei den Eigentümern oft um Heimkehrer aus den

USA, Australien oder Kanada handelt, wohin viele Gozer nach dem Krieg ausgewandert waren.

Ü
ÜBRIGENS

Der Balkon von Gozo

Hinter den letzten Häusern links halten. Über öde Kalksteinflächen gelangt man an die Küste, dann steht man 120 m hoch über dem Meer auf den **Klippen von Ta' Cenc** 3. Puuh! Natur und sonst nichts. Zahlreiche Wildblumen blühen auf dem Felsplateau; in den Klippen darunter ist der Nationalvogel Maltas, die Blaumerle, zu Hause. Ausgerottet ist dagegen der Malteser Falke, ein Opfer der maltesischen Leidenschaft für die Vogeljagd. 1980 wurde zum letzten Mal ein Exemplar gesichtet. Ein Trampelpfad führt entlang der Klippen bis ins Dorf Ta' Cenc, wo das nette Restaurant L-Iskoll wartet, doch dem Klippenrand sollte man sich nur mit äußerster Vorsicht nähern.

Die auf den Karten verzeichneten Dolmen und megalithischen Tempel in der Steinwüste östlich von Ta' Cenc habe ich auch noch nie gefunden. Man braucht sehr viel Zeit zum Suchen oder exakte GPS-Daten. Apropos Handy: Pokemons lungern hier auch nicht herum. Man ist also wirklich sehr allein!

IN FREMDEN BETTEN

Das **Hotel Ta' Cenc** 1 duckt sich unauffällig in die karge Landschaft. Für ein 5-Sterne-Hotel sind die Zimmer zwar recht einfach, aber die Lage und das Wellnessangebot machen dies wieder wett (Triq Ta' Cenc, Sannat, T 21 55 68 19, www.vjborg.com/tacenc, DZ/F 200–300 €). Preiswerter ist das **Hotel Il-Girna** 2 (5 Triq Ta' Skerla, T 21 56 34 60, www.ilgirna.com, DZ/F 65–80 €)

mit traditioneller Einrichtung und kleinem Pool.

KULINARISCHES FÜR ZWISCHENDRIN

Für eine Rast gibt es einfache Lokale rund um die Kirche in Sannat und die Kneipe **Ta'Rosina** 1 an der Triq il-Kalkara, die Snacks wie Hobz Biz-Zejt und Drinks serviert (Ecke Il-Pinnur, T 21 55 15 98 | €).

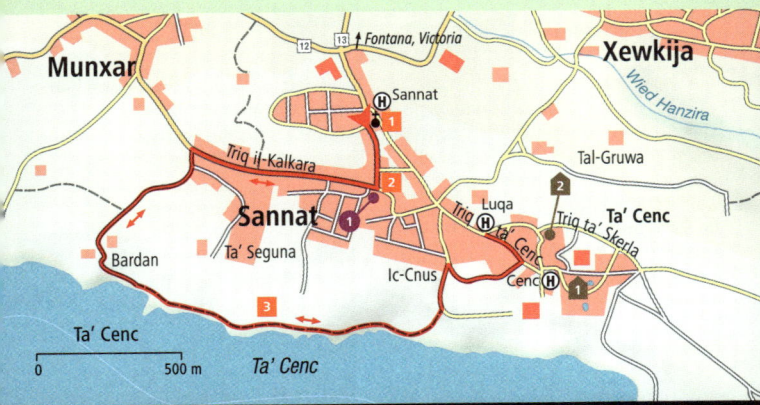

Hin & weg

Der **Malta International Airport** wird von Lufthansa und Austrian Airlines häufig ab Frankfurt/M. und Wien angeflogen. Die nationale Air Malta, die auch von deutschen Regionalflughäfen Verbindungen hatte, soll im Frühjahr 2024 abgewickelt und unter dem Namen Malta Airlines neu firmieren.
Als **Billigflieger** sind Ryan Air und Easyjet im Geschäft.
Pauschalarrangements der Reiseveranstalter (Flug und Hotel) sind oft preisgünstiger als Individualreisen, bieten aber meist nur Großhotels.
Ankunft am Flughafen: Taxen fahren zu Festpreisen (Tickets am Schalter in der Arrival-Halle). Busse der Expresslinien (X1 bis X4) fahren in die Urlaubsorte, Bus X1 nach Cirkewwa, von wo Fähren nach Gozo starten (www.publictransport.com.mt).
Einen Tag vor Anreise kann man auch im Internet einen **Shuttleservice** vom Flughafen zum Hotel buchen (Infos unter www.maltairport.com). In der Arrival-Halle gibt es neben den Schaltern der **Autoverleihfirmen** auch eine Bank und eine Touristeninformation.

EINREISEBESTIMMUNGEN

Ausweispapiere: Deutsche, Österreicher und Schweizer benötigen für die Einreise einen gültigen Personalausweis (Identitätskarte) bzw. Reisepass. Kinder brauchen ein eigenes Dokument.
Zollbestimmungen: Zollfrei können im EU-Binnenverkehr sämtliche Gegenstände des persönlichen Bedarfs ein- und ausgeführt werden; bis zu 800 Zigaretten, 90 l Wein und 10 l Spirituosen sind zollfrei. Für Schweizer (und Duty-Free-Einkäufe) gilt die internationale Obergrenze (1 Stange Zigaretten, 2 l Wein). Schweizer müssen Geschenke im Wert von über 300 CHF verzollen.

Haustiere: Die Einreise ist aufgrund der strengen Quarantänebestimmungen fast unmöglich (Infos auf www.auswaertiges-amt.de.

ELEKTRIZITÄT

Viele **Steckdosen** entsprechen noch britischem Standard, man sollte einen Adapter mitnehmen.

FEIERTAGE

1. Januar: New Year's Day
10. Februar: St. Paul's Shipwreck
19. März: St. Joseph's Day
31. März: Freedom Day
Karfreitag (Good Friday)
Ostersonntag (Easter Sunday)
1. Mai: Workers Day
7. Juni: Sette Giugno
29. Juni: Mnarja-Fest
15. August: Assumption (Himmelfahrt)
8. September: Our Lady of Victories/Great Siege Day
21. September: Independence Day
8. Dezember: Immaculate Conception
13. Dezember: Republic Day
25. Dezember: Christmas Day

FESTE UND EVENTS

Komplette Übersicht mit aktuellen Programmen: www.festivals.mt
Valletta Baroque Festival: Mitte bis Ende Januar, Konzerte im Teatru Manoel und verschiedenen Kirchen, fb.com/VallettaBaroqueFestival
Karneval: Februar, Valletta u. Victoria
Malta Marathon: Ende Februar
Grand Harbour Regatta: 31. März und 8. Sept., Ruderregatta mit Dghajsa-Booten
Malta Fireworks Festival: 30. April, großes Feuerwerk am Grand Harbour
Mnarja-Fest: 29. Juni, Fest in den Buskett Gardens bei Rabat

Malta Jazz Festival: Mitte Juli, internationale Jazzmusiker auf der Pjazza San Gorg (fb.com/maltajazzfestival)
Malta Arts Festival: Mitte Juli; Theater, Tanz, Musik und Straßen-Performance in Valletta, maltesische und internationale Künstler (fb.com/MaltaArtsFestival)
Malta Isle of MTV: Mitte Juli, riesiges Popkonzert in Floriana vor St. Publius (Fosos Square) mit internationalen Top-Acts (www.isleofmtv.com)
Farsons Beer Festival: Ende Juli/ Anfang Aug., Pop-Konzerte und Party im Ta' Qali National Park (www. farsonsbeerfestival.com)
Independence Day: 21. September, Feier der Unabhängigkeit, am Vorabend großes Popkonzert in Floriana
Notte Bianca: Anfang Okt., Valletta ist illuminiert, überall Straßenmusik und offene Geschäfte, freier Eintritt in alle Museen (fb.com/nbvalletta)
Weihnachten: Die Dörfer wetteifern um den schönsten Lichterschmuck und die eindrucksvollste Weihnachtskrippe.

Das Feuerwerk bei den Dorf-Festas ist schon großartig. Was Malta wirklich kann, zeigt es beim Fireworks Festival.

Nützliche Websites
www.publictransport.com.mt
Busrouten
www.heritagemalta.mt
Sehenswürdigkeiten
www.timesofmalta.com
Zeitung, News
www.gozo.com
Alles über Gozo

GESUNDHEIT

Die ärztliche Versorgung ist auf europäischem Niveau. In Notfällen fragt man nach dem nächsten **Health Care Centre;** dort wird man nahezu kostenlos behandelt.
Apotheken sind gut ausgestattet, viele Arzneimittel meist günstiger.
Sonnenschutz ist aufgrund der intensiven UV-Strahlung von März bis Dezember unerlässlich, v. a. für Kinder.

INFORMATION

Internet: www.visitmalta.com
Fremdenverkehrsbüros: Malta unterhält keine Infobüros mehr, doch können Sie sich mit speziellen Fragen an die Büros in Frankfurt/M. (T 069 28 58 90), Wien (T 01 585 37 70) und Zürich (T 043 816 30 15) wenden.
Infobüros auf Malta: am Flughafen, in Valletta, Mdina, Mellieha, Birgu und Victoria (Gozo)

KLIMA UND REISEZEIT

Juli und August sind sehr heiß mit Temperaturen von 40 °C und darüber. Von November bis Februar wird es selten kälter als 10 °C, doch kann es zu heftigen Regenfällen kommen. Von März bis Mai ist es zumeist warm bis 25 °C. Im Herbst zeigt sich Malta karg und sonnenverbrannt, doch ist das Meer bis weit in den Oktober hinein warm genug zum Baden. Ab Ende September können die ersten Regenfälle einsetzen.

ÖFFNUNGSZEITEN

Geschäfte: ca. Mo–Sa 9.30–13, 16–19 Uhr, in den Touristenzentren sehr oft durchgehend bis 22 Uhr. Souvenirläden und Kioske sind auch sonntags geöffnet.

Restaurants: Zumeist 12–15 und 18–23 Uhr. Viele Restaurants haben am Sonntagabend und am Montag oder ganztägig am Dienstag geschlossen.

REISEN MIT HANDICAP

Für Behinderte ist Malta ein schwieriges Reiseziel. Nur wenige Sehenswürdigkeiten sind für Rollstuhlfahrer zugänglich. Eine Liste barrierefreier Hotels gibt's auf www.valletta.diplo.de.

SPORT UND AKTIVITÄTEN

FÜR NOTFÄLLE

Wichtige Telefonnummern
Notfall allgemein: 112 (Polizei, Ambulanz, Feuerwehr), auch vom Handy
Hospital Malta: 25 45 00 00
Hospital Gozo: 21 56 16 00
Sperrung Scheck-, Kredit- und SIM-Karten: 0049 116 116
Pannenhilfe: Bei Pannen mit Mietauto erst die Agentur anrufen

Baden, Strände, Wassersport
Die wenigen Sandstrände Maltas – Golden Bay, Ghajn Tuffieha Bay, Gnejna Bay, Armier Bay, Paradise Bay und Ghadira Bay sowie die Ramla Bay auf Gozo – sind im Sommer brechend voll. Für die Felsküsten Wasserschuhe nicht vergessen!
In San Giljan (St. Julians), Bugibba sowie an Golden Bay und Ghadira Bay werden Parasailing (Fallschirmsegeln mit einem Motorboot), Banana Riding (Motorboot zieht ein bananenfömiges Schlauchboot), Jet-Skis und auch Pedalos (Tretboote) angeboten.

Reiten
Ausritte durch ländliche Regionen veranstaltet Golden Bay Horse Riding (www.goldenbayhorseriding.com) und Gozo Stables bei Qala auf Gozo (www.gozostables.com).

Tauchen
Unter Tauchern ist Malta eine beliebte Destination wegen seiner steil abfallenden Unterwasserklippen und vielen Wracks – mehr als 30 Tauchschulen gibt es auf den Inseln.
Anfänger beginnen mit einem Schnupperkurs, können dann in nur drei Tagen mit dem Padi Open Water auch ihren international anerkannten Tauchschein machen. Tipps findet man unter www.taucher.net.

Wandern
Zu Frühlingsanfang, wenn es noch nicht allzu heiß ist und die Inseln mit Blumen übersät sind, ist Malta auch ein schönes Wanderziel – wenn auch ohne allzu spektakuläre Wege. Stets an ausreichend Trinkwasser und eine Kopfbedeckung denken!
In den Buchläden werden **Wanderführer** (in Englisch) angeboten, das Info-Büro in Valletta hält Wanderbroschüren bereit (auch in Deutsch). Die Beschreibungen kann man auch auf www.visitmalta.com herunterladen; diese Wanderungen sind markiert. Geführte Wanderungen auf Deutsch

Des Tauchers größtes Glück: Schwimmen im Thunfischschwarm. Sowas geht heute aber nur in einer Zuchtanlage.

bietet ›Wandern auf Malta‹ (www.
wandernaufmalta.com) an.
Weder auf Malta noch auf auf Gozo
kann man wirklich verloren gehen.
Die zahlreichen Steinhäuschen in der
Landschaft dienen den **Vogeljägern** als
Unterschlupf, also Vorsicht dort! Generell
sind die Jäger lediglich mißtrauisch
gegenüber störenden Wanderern, können
jedoch unangenehm werden, wenn man
sie behindert oder beschimpft.
Bei den Bauernhäusern ist mit
Wachhunden zu rechnen. Die Buchstaben RTO (Reserved to Owner) weisen
auf **Privatbesitz** hin, den man nicht
betreten sollte, gleiches gilt auch für
bestellte Felder. Unerlaubtes Passieren
(trespassing) steht in Malta unter Strafe.

TELEFON UND INTERNET

Auf Malta und Gozo gibt es keine
Vorwahlnummern. Alle maltesischen
Nummern sind achtstellig. Handynum-
mern beginnen mit 79 oder 99.
Ländervorwahl: D +49, AU +43, CH
+41, Malta +356.
Internet: Internet-Cafés mit Drucker-
service sind inzwischen sehr selten, am
besten fragt man an der Rezeption. In
fast allen Hotels, Restaurants, Bars und
Cafés kann man sich kostenlos über
WLan (engl. WiFi, *waifai)* einloggen;
einfach nach dem Passwort fragen.

Prepaid-Internet
Auf Malta gibt es drei Provider: Epic
(www.epic.com.mt, Ex-Vodafone), Go
(www.go.com.mt) sowie Melita (www.
melita.com) als jüngster und günstigster
Anbieter. Alle bieten Prepaid-Internet-
zugang von 6 bis zu 30 GB an, auch mit
Steuerung durch SMS-Codes. Übersicht
unter prepaid-data-sim-card.wikia.com/
wiki/Malta. Die Shops der Firmen findet
man über Google Maps.

ÜBERNACHTEN

Bei der **Hotelbuchung** kann man viel
falsch machen und kriegen, was man

SAMMELTICKETS

Malta Multisite Pass
Mit diesem Ticket kann man die 22
wichtigsten Sehenswürdigkeiten
besichtigen – auch das Malta National Aquarium in Qawra. Es gilt
ab der ersten Nutzung für 30 Tage
und kostet 50 €, erm. 38 €, für
6–11 Jahre 25 €, das Familienticket
für zwei Erwachsene und zwei
Kinder 110 €. Den Pass kauft man
online (www.heritagemalta.mt)
oder vor Ort bei den Sehenswürdigkeiten.

---

nicht will. **St. Julians** (San Giljan) wird
nachts zu einer extrem lauten Halli- Gal-
li-Zone, **Sliema** hat nur Felsküste und
viel Verkehr, **Bugibba** bzw. Qawra werden von britischen Besuchern dominiert.
Auch die 5-Sterne-Hotels dort sind oft
sehr eng gebaut und überzeugen nicht
mit landschaftlichen Reizen. Viel besser
sind die Strandhotels in der Region
Mellieha-im Norden Maltas. Für einen
Überblick: www.maltahotel.net.
Deutlich schöner kommt man auch
auf dem ländlichen **Gozo** unter, sogar
traumhaft im Ta' Cenc-Hotel oder im
Cornucopia. In Xlendi und in Marsalforn
gibt es zudem viele Apartments mit
Kitchenette (Mini-Küche), die auch für
Familien eine gute Alternative sind.
Individuell, oft höchst romantisch und
immer mittendrin sind die Stadthotels
von **Valletta**. In diesem Bereich hat sich
in den letzten Jahren viel getan, auch
in der Region um Birgu (Vittoriosa) und
in Mdina.

Preise: Die Zimmerpreise sind oft so
hoch wie in Westeuropa, deutlich höher
als sonst am Mittelmeer. Am teuersten
ist es in der Hauptsaison im Juli/August,
am billigsten im Dezember und Januar
(außer Weihnachten und Silvester).

Buchung: Urlaubshotels, aber auch
Häuser und Stadthotels bekommt man
über eine Pauschalbuchung zumeist

Geht in Malta auch sehr gut: entspannen im Spa, sich wohlfühlen bei Wellness-Anwendungen.

deutlich günstiger als bei individueller Buchung. Allerdings sind nicht alle der außergewöhnlichen Hotels, die in diesem Buch empfohlen werden, im Angebot der Pauschalveranstalter. Man kann sie aber ganz einfach über Portale wie www.booking.com reservieren. Bei **Last-Minute-Angeboten** heißt es aufpassen: Zumeist sind das nicht die besten Zimmer, sondern ›Resterampe‹.

Farm Houses & Villen: Vor allem auf Gozo, aber auch inzwischen auf Malta finden sich zudem ausgesprochen reizvolle Unterkünfte – alte Bauernhäuser, malt. Razzett, die zu romantischen, oft luxuriösen Ferienhäusern umgestaltet wurden. Sie sind liebevoll-individuell eingerichtet und für Selbstversorger ausgerüstet. Viele haben eine Terrasse mit Pool.

ÜBERNACHTUNGSPREISE

€   unter 90 Euro
€€   90 bis 180 Euro
€€€   über 180 Euro
Preise für eine Übernachtung für 2 Pers.; saisonaler Durchschnitt. Hauptsaison ist in der Regel 40 % höher als Nebensaison).

Solche Unterkünfte abseits des Massentourismus haben jedoch ihren Preis – je nach Ausstattung in der Hauptsaison 700–1500 € pro Woche. Anbieter findet man unter www.gozoescape.com oder auch auf Buchungsportalen wie www.booking.com. Ferienvillen auf Malta gibt's auf www.holiday-malta.com.

WELLNESS AUF MALTA

Viele maltesische Hotels der Luxuskategorie bieten umfassende Wellness- und Beauty-Programme an. Thalasso-, Aroma- und Sauerstofftherapie bilden die drei Grundpfeiler der meisten Angebote. Die maltesische Wellness-Oase schlechthin ist das **Kempinski San Lawrenz Resort & Spa** auf Gozo (▶ S. 101). Dort steht ein Ayurveda-Spezialist zur Verfügung, um ein individuelles Programm abzustimmen.

VERKEHRSMITTEL

Bus
Malta besitzt ein modernes, komfortables Bussystem.
Linien: Vom Busterminal in Valletta steuern die **Mainline Routes** alle wichtigen Ziele auf Malta an. Es gibt aber auch **Direct Routes**, die Valletta nicht anfahren und Interchange-Stationen, wo man die Linien wechseln kann. Vier **Express Routes** verbinden den Flughafen mit diversen Orten auf Malta und dem Fähranleger Cirkewwa. Nachtschwärmern nutzen die **Night Busses,** die von 23 bis 4 Uhr zwischen San Giljan und anderen Orten pendeln. Die Linien sind mit Zahlen gekennzeichnet, Expressrouten zusätzlich mit dem Buchstaben X, Nachtbusse mit einem N.
Die **Busse auf Gozo** verkehren seltener, in der Regel nur stündlich vom Terminal in Victoria (Triq Taht-Putirjal).
Infos: Über Linien und Verbindungen informiert www.publictransport.com.mt. Mit der **Tallinja App** für das Handy kann man nach Standortfreigabe die nächste Busstation finden.

Mehrfach-Tickets: Günstig für Touristen ist die Explore Card (7 Tage unbegrenzte Fahrten, 21 €) oder die 12-Fahrten-Karte für 15 €. Die Karten gelten auch auf Gozo! Tickets sind erhältlich am Flughafen, am Busbahnhof in Valletta, in Bugibba und an der Station Sliema Ferries sowie an Automaten.

Taxi
Taxifahren auf Malta ist kein billiges Vergnügen. Die Fahrer müsen nach Taxameter fahren, nur zum Flughafen gelten Festpreise. Möchte man ein Taxi bestellen, wendet man sich an die Hotelrezeption.

Mietfahrzeuge
Die Tarife für Mietwagen variieren je nach Saison, sind aber im internationalen Vergleich recht günstig. Außerhalb der Hochsaison im Juli/August ist es preiswerter, den Wagen vor Ort zu mieten (ca. 30 €/Tag ab 5 Tage).
Mindestalter: 21 Jahre, der Führerschein muss jedoch älter als ein Jahr sein und Fahrer unter 25 Jahre zahlen eine Sondergebühr. Höchstalter 75 Jahre, Fahrer über 70 Jahren brauchen zusätzlich ein ärztliches Attest über die Fahrtüchtigkeit.
Selbstbeteiligung: kann durch eine Zusatzversicherung ausgeschlossen werden (ca. 10 €/Tag). Bei Fahrlässigkeit erlischt der Schutz, auch Schäden an den Reifen sind nicht versichert, ebensowenig während der Überfahrt auf der Gozo-Fähre entstandene Beschädigungen. Bei Unfällen sofort die Agentur anrufen – nicht selbst Reparaturen veranlassen!
Zweiräder: Günstiger als Autos sind Motorräder und Roller. Helme sind Pflicht und werden von den Anbietern verliehen.
Verkehrsregeln: Es gilt **Linksverkehr.** Auf gleichberechtigten Straßen hat Vorfahrt, wer von rechts kommt. Als Zeichen für ›Give Way‹ (Vorfahrt beachten) findet man oft nein ein weißes Dreieck auf die Straße gemalt. Fahrzeuge in den häufigen Kreisverkehren *(round abouts)* haben Vorfahrt,

sofern Schilder es nicht anders vorschreiben.
Die zulässige **Höchstgeschwindigkeit** beträgt in Ortschaften 50 km/h (30 mph), auf Landstraßen 80 km/h (50 mph). **Alkohol** am Steuer ist absolut verboten; es besteht Anschnallpflicht, Handy-Benutzung ist untersagt.

Fähren
Gozo-Fähre: Zwischen Cirkewwa (Malta) und Mgarr (Gozo) pendelt eine Autofähre, zwischen 6 und 20 Uhr alle 45 Min., nachts alle 90 Min. Die Überfahrt dauert ca. 25 Min. Das Ticket bezahlt man im Fährterminal auf Gozo bei der Rückfahrt (Erw. 4,65 €, Kinder 1,15 €, Pkw inkl. Fahrer 15,70 €, www.gozochannel.com). Vom Flughafen verkehrt Bus X1 nach Cirkewwa.
Comino: Von Cirkewwa (Malta) und Mgarr (Gozo) gibt es Überfahrten nach Comino (Ticket hin/zurück 15 €, für Kinder unter 10 Jahren 7 €), Infos: www.unitedcominoferries.com, www.cominoferryservice.com).

....
TOUREN UND AUSFLÜGE
....

Geführte Besichtigungsfahrten kann man in allen Urlaubsorten und vielen Hotels buchen. Beliebt sind auch die **Hop-on-Hop-off-Busse** von www.maltasightseeing.com und www.city-sightseeing.com.
Unter www.captainmorgan.com.mt findet man **Hafenrundfahrten** sowie Bootsfahrten rund um die Inseln, Touren mit dem Glasboden-Boot und Jeep-Safaris auf Gozo.
Über Fahrten mit einem traditionellen **Fischerboot** (Luzzu) informiert www.luzzucruises.com.

....
ZEIT
....

Auf Malta gilt Mitteleuropäische Zeit (MEZ). Die Uhrzeit wird nach britischem System angegeben: 8 a.m. bedeutet 8 Uhr morgens, 8 p.m. 20 Uhr abends.

O-Ton Malta

Bongu!

sprich: bonschu
Guten Tag

L-ghodwa it-tajba

lodua it taiba
Guten Morgen

X'INHU?

schin-hu
Wie bitte?

Zomm, leqaf!

somm, lä'af!
Halt, stopp!

Jekk joghgbok!

jäkk jodschbok
Bitte!

Skuzi

skusi
Entschuldigung

GRAZZI HAFNA!

grassi hafna
Vielen Dank!

Il-vjagg it-tajjeb

il viadsch it taijäp
Gute Reise

Sahha!

sah-ha
Tschüss!
Oder: Prost!

Il-lallu

illallu
Oh mein Gott!

wiehed, tnejn, tlieta

ui-häd, tnäin, tlieta
eins, zwei, drei

Register

Register

Das Klima im Blick

Reisen bereichert und verbindet Menschen und Kulturen. Wer reist, erzeugt auch CO_2. Der Flugverkehr trägt in erheblichem, Maße zur globalen Erwärmung bei. Wer das Klima schützen will, sollte sich – wenn möglich – für eine schonendere Reiseform entscheiden oder die Projekte von atmosfair unterstützen. Flugpassagiere spenden einen kilometerabhängigen Beitrag für die von ihnen verursachten Emissionen und finanzieren damit Projekte in Entwicklungsländern, die dort den Ausstoß von Klimagasen verringern helfen (www. atmosfair.de). Auch die Mitarbeiter des DuMont Reiseverlags fliegen, wenn überhaupt, dann mit atmosfair!

Abbildungsnachweis
DuMont Bildarchiv, Ostfildern: S. 99, 106 (Tom Schulze)
Fotolia, New York (USA): S. 72/73 (arkanto)
Glow Images, München: S. 120/7 (Thomas Edgar Stephens)
Hans E. Latzke, Bielefeld: S. 7, 25, 26, 29, 32, 51, 60, 64, 71, 74, 102, 120/1
iStock.com, Calgary (CA): S. 86/87 (Marco Dal Canto); 83 (RnDms)
laif, Köln: S. 109 (Andreas Hub); 120/3 (contrasto/Archivio GBB); 20, 22 (hemis.fr);
    110 (Invision/Migeon); Umschlag, Faltplan (robertharding/Neale Clark)
MATO, Hamburg: S. 17 (Schapowalow/4Corners/Taylor)
Mauritius Images, Mittenwald: S. 76 (Age/Haval); 92 (Alamy/Allen); 57 (Alamy/Anto-
    ny Souter); 85 (Alamy/ArtesiaWells); 97 (Alamy/Bildagentur Geduldig); 36 (Alamy/
    Eduardo Blanco); 41 (Alamy/ENP); 88 (Alamy/Greg Balfour Evans); 68 (Alamy/
    Ian Patrick); 14/15 (Alamy/John Hill); 44 (Alamy/Kase); 58 (Alamy/M. Ramirez);
    23 (Alamy/Mike P. Shepherd); 40 (Alamy/Sriskandan); 4 u. (Alamy/Stockimo/mrkr-
    abs); 11 (Alamy/Wild Places Photography/Chris Howes); 34 (Alamy/Wyatt); 120/2
    (imagebroker/Michael Nitzschke)
picture alliance, Frankfurt a. M.: S. 120/6 (AP Photo); 104 (Christoph Mohr)
shutterstock.com, Amsterdam (NL): S. 66 (Alvov); 120/9 (Bernhard Richter); 8/9
    (javarman); Umschlagklappe hinten (Serg Zastavkin); 120/5 (TeleProstir Studio); 4
    o. (ZGPhotography)
Tom Schulze, Leipzig: S. 39, Umschlagklappe vorn, 43, 47, 63, 94, 112
viewingmalta.com, Malta: S. 48/49; 81 (Jürgen Scicluna)
Zeichnung: S. 5 (Antonia Selzer, St. Peter); 3 (Gerald Konopik, Mammendorf)

Kartografie
© KOMPASS-Karten GmbH, A-6020 Innsbruck;
DuMont Reiseverlag, D-73751 Ostfildern

Umschlagfotos
Titelbild: Traditionelles Fischerboot in Marsaxlokk
Umschlagklappe hinten: Ritterrüstungen im Grand Master's Palace in Valetta

Hinweis: Autor und Verlag haben alle Informationen mit größtmöglicher Sorgfalt
geprüft. Gleichwohl sind Fehler nicht vollständig auszuschließen. Alle Angaben erfolgen
ohne Gewähr. Bitte schreiben Sie uns! Über Ihre Rückmeldung zum Buch und Verbesse-
rungsvorschläge freuen sich Autor und Verlag:
DuMont Reiseverlag, Postfach 3151, 73751 Ostfildern,
info@dumontreise.de, www.dumontreise.de

3., aktualisierte Auflage 2024
© DuMont Reiseverlag, Ostfildern
Alle Rechte vorbehalten
Autor: Hans E. Latzke (unter Verwendung von Texten
    von Katrin Schmidt)
Redaktion/Lektorat: Martin Klaus
Grafisches Konzept: Eggers+Diaper, Potsdam
Printed in Poland

FSC
www.fsc.org
MIX
Papier | Fördert
gute Waldnutzung
FSC® C018236

Kennen Sie die?

Daphne Caruana Galicia

Die Journalistin und Bloggerin schrieb wohl zu kritisch über alles, was faul ist im Staate Malta. 2017 wurde sie durch eine Sprengbombe getötet. Für viele Malteser ist sie heute eine neue Heilige.

Apostel Paulus

Paulus strandete im Jahr 60 bei der Fahrt nach Rom auf Malta, bekehrte den Statthalter und machte Publius zum ersten Bischof der Insel. Maltas Kirche ist also älter als die römische. Darauf sind die Malteser sehr stolz.

Malteser Falke

Der Vogel wurde berühmt durch den Roman »The Maltese Falcon« von Dashiell Hammett. Leider gibt's ihn nicht mehr: In den frühen 1980ern fiel das letzte Exemplar der maltesischen Jagdleidenschaft zum Opfer.

Jean de la Valette

1557 wurde Valette zum Großmeister des Ritterordens der Johanniter gewählt. Er verteidigte Malta in der Großen Belagerung 1565, gründete anschließend Valletta und liegt in der Johannes-Kathedrale begraben.

Ira Losco

ESC 2002: eine junge, hübsche Malteserin macht den 2. Platz. Ein Jahr später tourt Ira Losco durch Deutschland. Heute kann man sie auf Malta in Clubs und auf Festivals hören. 2016 war sie übrigens wieder beim ESC: 12. Platz

Dom Mintoff

Der charismatischste Politiker der Labour Party führte Malta 1971 in die Unabhängigkeit, legte sich dann sogar mit der NATO an. Er wurde von einer Hälfte der Malteser geliebt, von der anderen gehasst: ein echter Populist.

Dwight D. Eisenhower

»Ike«, der spätere US-Präsident, leitete ab Februar 1943 die alliierte Invasion Siziliens. Sein Befehlsstand, die Lascaris War Rooms, sind heute ein Museum.

Antonio Sciortino

Der 1879 in Zebbug geborene Künstler war seiner Zeit weit voraus. Sein Werk zwischen Art-déco und Futurismus kann man im MUZA-Museum in Valletta bewundern.

Santa Marija

365 Kirchen, Kapellen und Kathedralen soll Malta haben. Die meisten sind Jesus' Mutter geweiht, denn an ihrem Geburtstag, dem 8. September, endete die Große Belagerung.